JAN TSCHICHOLD

Meisterbuch der Schrift

EIN LEHRBUCH

MIT VORBILDLICHEN

SCHRIFTEN

AUS VERGANGENHEIT

UND GEGENWART

FÜR

SCHRIFTENMALER

GRAPHIKER

BILDHAUER · GRAVEURE

LITHOGRAPHEN

VERLAGSHERSTELLER

BUCHDRUCKER

ARCHITEKTEN UND

KUNSTSCHULEN

——

OTTO MAIER VERLAG

RAVENSBURG

DRUCK, PAPIER
UND EINBAND NACH ANGABEN
DES VERFASSERS

DRITTER UNVERÄNDERTER NACHDRUCK DER
ZWEITEN, NEUBEARBEITETEN AUFLAGE VON 1965
HÖHE DER AUFLAGE: 1500 EXEMPLARE

ZWEITE, NEUBEARBEITETE AUFLAGE
COPYRIGHT 1952, 1965
BY OTTO MAIER VERLAG, RAVENSBURG
PRINTED IN GERMANY
ISBN 3-473-61100-X

INHALT

Gekürztes Verzeichnis
der von Jan Tschichold verfaßten und im Druck erschienenen Bücher

Die neue Typographie. Berlin 1928. Vergriffen.
*foto-auge (zusammen mit Franz Roh). Stuttgart 1929. Vergriffen.
Eine Stunde Druckgestaltung. Stuttgart 1930. Vergriffen.
Schriftschreiben für Setzer. Frankfurt am Main 1931. Vergriffen.
*Typographische Entwurfstechnik. Stuttgart 1932. Vergriffen.
Typographische Gestaltung. Basel 1935. Vergriffen.
Funktionel Typografi. København 1937. Vergriffen.
Typografisk gestaltning. Stockholm 1937. Vergriffen.
Typografische vormgeving. Amsterdam 1938. Vergriffen.
*Der frühe chinesische Farbendruck. Basel 1940 und 1951. Auch französisch und englisch. Vergriffen.
*Chinesische Farbendrucke aus dem Lehrbuch des Senfkorngartens. Basel 1941 und 1951. Auch englisch. Vergriffen.
Der Holzschneider und Bilddrucker Hu Chêng-yen. Basel 1943 und 1952. Auch englisch. Vergriffen.
*Chinesische Farbendrucke der Gegenwart. Basel 1944 und 1951. Auch englisch. Vergriffen.
Chinesisches Gedichtpapier vom Meister der Zehnbambushalle. Basel 1947. Auch englisch. Vergriffen.
Papiergötter aus Peking. Basel: Basler Druck- und Verlagsanstalt, 1951. Privatdruck, nicht im Handel.
An Illustrated History of Lettering and Writing. London 1947. Vergriffen.
Geschichte der Schrift in Bildern. Basel 1941, 1946, 1951. *Vierte Auflage: Hamburg: Hauswedell, 1961.
Gute Schriftformen. Basel: Lehrmittelverlag des Erziehungsdepartements, 1941/42. Zweite Auflage 1943/44. Dritte Auflage 1945/46. Vergriffen.
*Schatzkammer der Schreibkunst. Basel: Verlag Birkhäuser, 1945.
*Letterkennis. Mijdrecht: Stichting Graphilec, 1948. Typographie außer Verantwortung des Verfassers.
Was jedermann vom Buchdruck wissen sollte. Basel: Verlag Birkhäuser, 1949.
About Calligraphy, Typography and Letterspacing. Southampton: Southern College of Art, 1951.
Wat iedereen van drukwerk behoort te weten. Amsterdam: Allert de Lange, 1951.
Vad var och en bör veta om boktryck. Stockholm: Grafiska Konstanstalten Tryckeri AB, 1952. Vergriffen.
*Hvad enhver bør vide om bogtryk. København: F. E. Bording AS, 1952.
I bogens tjeneste. København: Forening for Boghaandværk, 1951.
Im dienste des buches. St. Gallen: SGM-Bücherei, 1951.
Designing Books. New York: Wittenborn, Schultz, Inc., 1951.
*Schriftkunde, Schreibübungen und Skizzieren. Basel 1942. Zweite Auflage: Berlin 1951. Vergriffen.
*Meisterbuch der Schrift. Ravensburg: Otto Maier Verlag, 1952.
«Die Leserlichkeit verschiedener Schriftschnitte auf verschiedenen Papieroberflächen in Buchdruck, Offsetdruck und Tiefdruck.» In: *Kupferschmid-Blätter*, Heft 10, Seite 1–40, Basel 1953. (Auch in französischer Sprache erschienen.)
Formenwandlungen der &-Zeichen. Frankfurt am Main: D. Stempel AG, 1954.
«Geschichte des chinesischen Brief- und Gedichtpapiers.» In: *Philobiblon,* Hamburg, Heft 1, Seite 31–56 1958.
«Die Proportionen des Buches.» In: *Der Druckspiegel,* Stuttgart, Heft 1 bis 3, 1956.
*Bokens Proportioner. Göteborg: Wezäta, 1955.
De proporties van het boek. Amsterdam: Intergrafia, 1955.
*Schönste, liebe mich. Deutsche Liebesgedichte aus dem Barock und dem Rokoko. Mit farbigen Wiedergaben acht alter Spitzenbildchen. Heidelberg: Lambert Schneider, 1957.
Erfreuliche Drucksachen durch gute Typographie. Ravensburg: Otto Maier Verlag, 1960.
Der chinesische und der japanische mehrfarbige Holztafeldruck, technisch. Privatdruck, Basel 1959.
La technique de l'estampe polychrome, en Chine et au Japon. Privatdruck, Basel 1962.
Zur Typographie der Gegenwart. Privatdruck, Bern 1960.
Vues cavalières sur le modernisme en typographie. Privatdruck, Bern 1961.
Willkürfreie Maßverhältnisse der Buchseite und des Satzspiegels. Privatdruck, Basel 1962.

*Die mit einem Stern versehenen Titel sind offiziell unter die «Schönsten Bücher»
des betreffenden Landes und Jahres eingereiht worden.

VORWORT

DIESES Buch, ein auf jahrzehntelanges Studium gegründetes Quellen-
werk für Schriftenmaler, Graphiker, Lithographen und für verwandte Berufe, dient nicht nur dem Augenblick. Die endlich ausgewähl-
ten Schriften waren dem strengsten Maßstab unterworfen. Darum steht
zu hoffen, daß sie dem Urteil auch künftiger Jahrzehnte standhalten werden. Die Tafeln bringen Bekanntes und Unbekanntes, unmittelbar Brauch-
bares wie auch Anregendes, Schriften für Lernende und für Meister. Sie
sollen mithelfen, eine echte Kultur der Schrift und ihrer Anwendung zu
fördern.

Für die Herstellung von Schriftsätzen nach meinen Angaben und die
Überlassung von Photographien und Filmen bin ich folgenden Firmen,
Instituten und Persönlichkeiten Dank schuldig:

Bauersche Gießerei, Frankfurt am Main;
Schriftgießerei H. Berthold AG, Berlin SW 61;
Bundesdruckerei, Berlin SW 68;
B. S. Cron, Esq., Kew, Surrey;
Fonderies Deberny & Peignot, Paris;
Lettergieterij Joh. Enschedé en Zonen, Haarlem;
Fonderie Typographique Française, Paris;
Haas'sche Schriftgießerei, Münchenstein bei Basel;
Gebr. Klingspor, Schriftgießerei, Offenbach am Main;
Linotype and Machinery Limited, London;
The Monotype Corporation Limited, London;
Museum für Geschichte der Stadt Leipzig, Leipzig;
Herr Direktor Rudolf Ottmann, Nürnberg;
Stephenson, Blake & Co., Sheffield;
Schriftgießerei D. Stempel AG, Frankfurt am Main.

Allen Kontribuenten sei hier, zugleich im Namen des Verlages, herzlich
gedankt.

Wider alles Erwarten sollte dieses Buch das letzte Unternehmen dessen
sein, der es angeregt hat. Herr OTTO MAIER, Mitinhaber des von seinem
Vater begründeten angesehenen Fachbuchverlages, wurde während der
Herstellung dieses Werkes, an dessen Gestaltung er lebhaft und verständ-
nisvoll Anteil genommen hat, unerwartet vom Tode ereilt. Möge dies sein
letztes Buch ein bleibendes Denkmal seiner fruchtbaren Tätigkeit im
Dienste der Handwerksberufe und seiner nicht unwert sein.

Basel, September 1952 und Juni 1965   Jan Tschichold, Hon. R.D.I.

SCHRIFT ALS KÜNSTLERISCHE AUFGABE

WER eine gute Schrift entwerfen will, muß wissen, daß seine Aufgabe dreierlei verlangt:

1. gute Buchstaben, das heißt die Wahl einer schönen und für die Aufgabe und die angewandte Technik geeigneten Schrift;

2. eine saubere Formung im einzelnen, das heißt in sich vollkommen ausgewogene und wenn nötig, aber mit größter Sorgfalt, gesperrte Wörter, einwandfreie Buchstaben- und dazu passende Wortabstände;

3. eine gute Anordnung des Ganzen, das heißt eine einheitlich wirkende und dauernd überzeugende Gruppierung der Zeilen.

Keine dieser drei Forderungen darf vernachlässigt werden. Gute Schriftgestaltung stellt ebenso hohe Ansprüche an den Entwerfer wie gute Malerei oder gute Bildhauerei. Zwar dient sie einem erkennbaren Zweck; doch ist sie in ihren besten Leistungen, obwohl in der Regel von kürzerer Lebensdauer, hoher Kunst ebenbürtig. Der Schriftentwerfer, sei er Maler, Graphiker oder Schriftzeichner im Dienste einer Schriftgießerei, nimmt an der Stilbildung einer Zeit ebenso schöpferisch teil wie der Architekt oder der Dichter.

Gute Buchstaben sind nicht, was jedermann auf Schritt und Tritt sieht. Fast alle Schrift, die uns begegnet, ist schlecht, ungenügend oder wild. Das ist durchaus keine Übertreibung. Die Ursache der beschämenden Qualität fast aller Schriftanwendungen in den Straßen der Städte, an und in den Häusern ist der Mangel an guten Vorlagen. Was es an Vorlagenbüchern gibt, ist, wenn es gut ist, entweder den meisten schwer oder gar nicht zugänglich, oder es ist Material niedriger Qualität, das ohne zureichende Kenntnisse voreilig und schnell zusammengestellt wurde. Es stammt fast nie aus erster, sondern in der Regel aus dritter, vierter, fünfter Hand und hat auf diesem Wege nur Verschlechterungen erfahren, selbst wenn die Ausgangsformen gut gewesen sein sollten. Der fähige Schriftenmaler ist auf Vorlagen angewiesen, die minderwertig sind. In den Schulen werden oft Schriften gelehrt, die keineswegs zu den besten gehören, und man gibt sich mit halb- oder gar unreifen Leistungen zufrieden. Die meisten Schriftenmaler kennen die echten, schönen Formen gar nicht, denn sie haben keinen Zugang zu ihnen. Kein Wunder, daß fast alle unsere öffentlich sichtbaren Aufschriften so beklagenswert schlecht sind.

Stolz redet man zuweilen von der angeblich hohen Schriftkultur der Gegenwart. Es gibt überhaupt keine. Man muß von einem erbärmlichen Tiefstand reden. Wohl gibt es ein paar hervorragende Schriftkünstler auf der Erde, aber sie sind Ausnahmeerscheinungen, die kaum Einfluß auf die öffentlichen Schriftanwendungen genommen haben. Maler- und Zeichnerhandwerk müssen sich noch immer mit dem allzu schalen Wiederaufguß einst schöner klassischer Alphabete begnügen oder mit den bereits abgeschwächten oder gar unreifen Elaboraten von Schülern größerer Meister. Selten sind die Maler, Graphiker und Lithographen an die eigentlichen Quellen der Schriftkunst geführt worden.

Diese Quellen sind die den allermeisten unbekannten klassischen Ausformungen
der Schriftarten. Es kommt darauf an, diese überhaupt erst einmal zu zeigen und sie
zur Richtschnur zu nehmen. Schrift ist etwas historisch Gewordenes. Man muß sie
studieren, wenn man sie beherrschen will. Niemand kann selbst eine Schrift erfinden.
Wir können unsere Buchstaben höchstens abwandeln. Nur der aber ist berechtigt, sie
abzuwandeln, der ihre Formen mindestens ebensogut wie die besten alten gestalten
könnte. Das erlernt man im besten Falle in einem halben Leben. Es ist viel gescheiter,
die Finger davon zu lassen und nicht dem irrigen Glauben zu erliegen, es komme in
der Schrift auf den «Ausdruck der Persönlichkeit» an. Dieser Irrglaube trägt ein ge-
rüttelt Maß der Schuld daran, daß wir von so häßlichen Schriften umgeben sind. Ja
selbst die als Meister anerkannten großen Schriftkünstler der nahen Vergangenheit
sind in bedenklichem Maße jenem Irrglauben erlegen. Es kommt in der guten Schrift
auf das genaue Gegenteil dessen an, was mindestens bis vor einiger Zeit allgemein ge-
predigt wurde: nicht auf den Ausdruck der (meist bescheidenen) Persönlichkeit, sondern auf völlige Selbstaufgabe, wenn man will Selbstverleugnung, im Dienste der
richtig erfaßten Aufgabe. Was nützt es, wenn der Schüler eines Meisters, der nur
Breitfederschriften aufreizend persönlicher Art lehrt, ein Haus beschriftet, dessen Bau-
stil die, nebenbei bemerkt, schon abgeschwächte Meisterform dieser einen Schrift gar
nicht verträgt? Selbst wenn die Schrift als solche gut sein sollte, ist das Ergebnis nur
schlecht. Das Wichtigste, daß Schrift nur der Aufgabe gemäß ausgewählt werden darf,
ist dem Maler nicht aufgegangen. Gewiß darf man Schriften auch losgelöst von ihrer
Aufgabe ansehen, aber man darf nicht jede Schriftform, nicht einmal jede gute, überall und ohne Ansehen der Architektur anwenden. Vor der Anwendung von Schriften
steht daher die Ausbildung des Guten Geschmacks.

Der Geschmack, der Gute Geschmack, kann nur durch das Studium der besten
Beispiele entwickelt werden. Niemand kommt mit dem Guten Geschmack auf die
Welt. Er ist immer ein Bildungsergebnis. Unerfahrene Leute können ihn nicht haben.
Wären die uns umgebenden Schriften gut, so würden sie gewiß Schule machen; denn
alles, selbst das Dumme, macht Schule. Da fast alle Schriften schlecht sind, wird es
nicht besser werden, bevor ein paar einsichtige Maler mit gutem Beispiel vorangehn.
Sie werden sehr bald Nachahmer finden.

Zuerst muß der werdende Schriftmann alles vergessen, was ihm je an Schriftformen
angepriesen worden ist. Er muß dafür die richtigen, die vollkommenen klassischen
Ausformungen der Schrift kennenlernen und sie gründlich studieren. Man lernt das
nicht schnell. Der Weg zur Kunst ist mühsam. Wer sie schnell erlernen will, soll gar
nicht erst anfangen. Gute Schrift wird überhaupt in der Regel langsam erzeugt. Nur
beim Meister mag es zuweilen flink gehn; darum heißt er Meister. Schrift ist wie alle
Kunst nichts für ungeduldige Naturen.

Dieses Buch enthält eine sorgfältige, auf lebenslangem Studium beruhende Auswahl
der besten Schriften unserer Kultur bis zur Gegenwart. Vielen Lesern werden sie bis
auf eine kleine Gruppe unbekannt sein. Nicht alle sind als unmittelbare Vorlagen anzusehen, denn manche unter ihnen lassen sich nur selten, vielleicht gar nicht anwen-

den. Diese Schriften sollen sowohl den Gang der Schriftentwicklung nachweisen als auch den Sinn für die formale Schönheit von Buchstaben, Zeilen und Anordnungen bilden. Ihr Studium schadet auch dem Lehrling nicht; ein Meister wird sie indes mit viel größerem Verständnis betrachten. Die gute Hälfte der Tafeln aber sind unmittelbar als Vorlagen brauchbar, und es ist dem einzelnen überlassen, welche er im Hinblick auf die bei ihm häufigsten Schriftanwendungen zunächst auswählen soll.

Denn zuerst muß man einmal *eine* Schrift beherrschen lernen. Manche werden sich zum Spezialisten für, sagen wir, eine Renaissance-Antiqua (84–87)*, die Steinschrift (202) oder Bodoni (174 und 175) ausbilden. Aber wer einmal *eine* Schrift richtig anschauen gelernt hat, kann eine andere um so leichter erfassen. Es sind *Vorlagen* zur wörtlichen, pedantischen Nachahmung. Die Schriftlehrer der neueren Zeit haben eine wahre Scheu davor gehabt, Vorlagen zu geben, und immer bestritten, daß ihre Schriften zugleich Vorlagen seien. Der irrige Kult der «Persönlichkeit» erlaubte ihnen nicht, allgemeingültige Musterformen zu geben.

Diese hier aber *sind* Vorlagen, Vorlagen von höchstem Rang und bisweilen letzter Vollkommenheit. Machs na! so lautet die Inschrift eines Steins am Berner Münster. Du kannst nichts Besseres tun. Laß alles andere hinter dir. Nicht das Schlechte, nicht das Mittelmäßige, nur das Vollkommene ist der Nachahmung wert. Ergib dich willig dem Studium der edelsten Schriften. Du wirst nicht nur Anerkennung ernten, sondern deine Stadt wird einst auch den Stempel deines Stilgefühls tragen.

Viele Aufschriften haben eine lange Lebensdauer. Nur von ihnen ist vorerst die Rede. Aussicht auf lange Existenz fordert eine sorgfältige Durchformung der Buchstaben. Es ist ganz verkehrt, eine Aufschrift, die vermutlich zehn oder zwanzig Jahre sichtbar sein wird, schnell hinwerfen zu wollen. Sie erfordert ein eindringliches Studium der sie umgebenden Teile der Architektur, des Hauses, und in der Regel einige sehr genaue Skizzen vor der Ausführung, wenn sie wirklich gut werden soll. Nur architektonische, mit dem Pinsel gezeichnete, Schriften sind für diese Zwecke geeignet, nicht die schnell hingeschriebenen Flachpinselschriften, die für Messeschilder recht sind. Gute Schriftarbeit braucht ihre Zeit, so wie auch etwa gute Schreinerarbeit nicht das Werk von Minuten ist.

* Zwei- bis dreistellige Ziffern in Parenthesen gehen stets auf die Tafeln dieses Buches.

Drei Signete des Verfassers. Links: Verlagssignet. Mitte: Signet für die «Typographischen Monatsblätter», Sankt Gallen, mit den beiden Lettern t und m, wie der Setzer sie sieht. Rechts: Privates Monogramm E T.

GUTE UND SCHLECHTE BUCHSTABEN

ALS der Schriftreformer Rudolf von Larisch vor rund fünfzig Jahren unternahm, dem Schriftverfall der damaligen Zeit zu begegnen, lehrte er, daß die Schriftformen sich nicht an die überkommenen anlehnen sollten, sondern daß der Schriftbeflissene sie der eigenen Vorstellung entnehmen und zu schönen Formen entwickeln solle. Gar bald stellte sich heraus, daß diese Vorstellung zwar notdürftig zur Bildung von Endstrichlosen* ausreicht, im Hinblick auf wohlgeformte Antiqua- und Frakturschriften aber versagt. Bereits im Jahre 1910 gab Larisch eine Mappe mit Wiedergaben sehr schöner Briefschriften aus vergangenen Jahrhunderten heraus, und sein Buch *Unterricht in ornamentaler Schrift,* dessen erste Auflage 1905 erschien, enthält auch die große Abbildung einer altrömischen Inschrift. Man hielt damals nichts von Vorlagen, und in der Tat waren die Schriftvorlagenbücher jener Zeit für praktische Zwecke kaum zu brauchen. Larisch und seine Zeitgenossen sahen das Ziel der Schriftausbildung in der «persönlichen» Schrift. Dieses Ideal hat viel von seinem vermeintlichen Glanze verloren. Selbst die besten Schriftschöpfungen der Zeit zwischen 1908 und 1920 sind heute veraltet. Die klassischen Schriftformen aber sind jung und unverbraucht geblieben.

Eine «persönliche Schrift» unterscheidet sich von den ihr stets zugrunde liegenden klassischen Formen, welcher Zeit auch immer, nur durch die Abweichungen, und wunderselten halten diese Abweichungen einem Vergleich mit dem Original stand. Fast immer sind sie nur Vergröberungen und Entstellungen.

Wenigen nur ist es gegeben, den besten Schriftformen der Vergangenheit eine neue und gleich gute hinzuzufügen. Weise handelt, wer den Versuch vorerst gar nicht unternimmt und dafür einige der klassischen Schriftformen als Vorbilder erwählt. Wenn er diese Schriftformen im Geiste ihrer Schöpfer oder ihrer Zeit anzuwenden sucht, so wird sich früher oder später ein richtigeres Gefühl für Schriftformen einstellen, als wenn er sich mit mäßigen, halbverstandenen Vorlagen abgibt und diese trübseligen Formen um ähnliche vermehrt.

Einige gute Schriften von eigenartiger, persönlicher Form sind auch in unserer Zeit entstanden. Aber es ist schülerhaft, wenn diese Schriftformen von anderen als ihren Urhebern wiederholt werden. Jeder, der Schriften malt oder zeichnet, sollte genau wie die Schöpfer guter persönlicher Schriften der Gegenwart selber die Quellen der Schrift, die besten historischen Ausprägungen, aufsuchen und sie ebenso gründlich studieren. Es ist nicht nur das Vernünftigste, sie so, wie er sie findet, zu wiederholen. Er wird auch, und zwar nur auf diesem Wege, so am ehesten zu einem Schriftmeister von persönlichem Ausdruck werden. Vorausgesetzt, daß dies überhaupt ein erstrebenswertes Ideal ist. Vortreffliches kann man nicht verbessern, sondern nur nachahmen.

Schrift dient. Sie soll gelesen werden. Eine Schrift, die wir nicht lesen können, ist unnütz, eine, die wir nur mit Mühe lesen können, schlecht, und nur eine Schrift, die sich gut lesen läßt, erfüllt ihre Aufgabe. Eine bloß leserliche Schrift ist aber noch

* Damit ist die Grotesk gemeint. Ich verwende diese von mir geprägte neue Bezeichnung im gesamten Text.

nicht notwendigerweise auch schön. So wie wir es lieben, uns mit schönen Dingen zu umgeben, freuen wir uns unbewußt oder bewußt an schönen und edlen Schriftformen. Es ist die Aufgabe aller derjenigen, die sich mit Schrift befassen, unsere Umwelt mit schönen Schriften zu schmücken. Schrift soll nicht ein notwendiges Übel sein, das unsere Augen täglich beleidigt. Sie soll nicht nur dienen, sondern auch erfreuen. Dazu bedarf es abgeklärter, beständiger, vollkommener Buchstaben in vortrefflichen, wohlabgewogenen Anwendungen.

Muster aus der Schreckenskammer der zeitgenössischen Schriftkunst:
Mißlungene Namenszüge.

Englebert: Verquollene, gequälte Kleinbuchstaben. Unnatürliche Verbindung von E und t. Schauderhaftes g in der Form, wie rechthaberische, ungebildete Leute es zuweilen schreiben. t-Querstrich zu hoch. Abscheulich.

Vespa: Keine Spur von Formgefühl. Alle Buchstaben unter jeder Kritik. Der dumme Strich unter dem Wort nützt nichts. Unterstreichungen des eigenen Namens bedeuten graphologisch, daß man entweder fürchtet, nicht für voll genommen zu werden, oder sich wichtig zu machen wünscht.

Armstrong: Aus dem schon an sich üblen A kann man keinen Verlängerungsstrich in dieser Art hervorgehen lassen. Veraltete, rhythmisch schlechte Buchstaben.

Richard: Eins der häufigen Beispiele für die läppische Sucht, den ersten und den letzten Buchstaben eines Namens durch einen an den Haaren herbeigezogenen Strich unter dem Namen «organisch» zu verbinden. Hier ist es das D, das dadurch fast unleserlich wird.

?aub: Soll «Laub» gelesen werden. Sehr schlechte Frakturbuchstaben. L undeutlich, weil der Hauptstrich zum Träger einer Zeile mißbraucht wird. b mit mißverstandenem und zu schwerem Kopfteil. Endstriche des a und des u und obere Rauten des u zu lang.

Pirelli: Der Hauptteil des P ist so grotesk verlängert, daß man das Wort nicht mehr erfassen kann.

??ahmann: Soll «W. Rahmann» gelesen werden. Schwanz des R lahm und am Ende zu schwer. W und R kann man nicht so miteinander verschmelzen. Das W wird dann höchst undeutlich. Wie könnte man den Anfang je in einem Zuge schreiben? Der Bogen des R ist viel zu groß und wirkt gewaltsam. Die kleinen Buchstaben sind nur mäßig gut.

Canadad: Soll «Candida» gelesen werden. Man muß aber das erste d wegen der verkümmerten Spitze zuerst für ein a halten. Der i-Punkt dürfte nicht weiß auf dem Schnörkel stehen. Das C ist zwar nicht gut, aber der geschwungene Anstrich ist ein echter Bestandteil. Das Ende des a am Schluß ist krampfhaft. Dummer Versuch einer sinnlosen Symmetrie. Symmetrische Wortbilder sind ganz besonders schwer leserlich.

Hoover: Der H-Querstrich liegt zu tief; darum sieht man das H zunächst gar nicht. Kein Mensch, nicht einmal diejenigen, die das H ungefähr so schreiben, würde zuerst den Querstrich so weit hinausziehen, um dann die restlichen Buchstaben des Wortes auf ihn darauf zu schreiben. Die kleinen Buchstaben sind von der üblichen Verquollenheit und Lahmheit dieser Art «moderner» Namenszüge.

Eine brauchbare und schöne Schrift zeigt die Zeichen des Alphabets in edel proportionierten, kein Merkmal unterdrückenden Ausprägungen. Jede Schrift ist einem bestimmten Formgesetz hörig. Dieses darf aber die eigentümliche Gestalt der zweiundfünfzig Buchstaben nicht zugunsten bloßer Ornamentalität vergewaltigen. In den Buchstaben des Alphabets wiederkehrende Einzelteile müssen einander gleich oder verwandt und die Breitenverhältnisse der Buchstaben überzeugend sein. Über das Verhältnis von Höhe und Breite eines Buchstabens lassen sich keine Gesetze formulieren. Es ist in jeder Schrift etwas anders. Nur höchst selten entspricht es einem einfachen Zahlenverhältnis, und selbst dann mehr zufällig. Allezeit ist es das menschliche Auge gewesen, das Auge eines höchst sensiblen Menschen allerdings, das bestimmten Schriften ihre endgültige, dauernde Form verlieh. Zirkel und Richtscheit sind gute Hilfsinstrumente, erschaffen jedoch keine Form. Immer wieder hat man versucht, die Maßverhältnisse von Buchstaben in verhältnismäßig einfachen Zahlenverhältnissen und mit Zirkelkonstruktionen festzulegen. Dies ist aber nur dann gelungen, wenn die

RIMO KRIMO FIAT PIRAS
BUSCH KNOPF ENGLEBERT

Beispiele schlechter endstrichloser Großbuchstaben.

Rimo: Das M grotesk verzerrt, das R undeutlich: Folgen der krassen Engführung. Sehr schmale Schriften müssen durch kräftiges Sperren aufgehellt werden, sonst werden sie völlig unleserlich.

Krimo: Enthält drei häufige Fehlformen. Das K darf nicht so gestaltet werden. Beide Arme müssen einem Punkte entspringen (siehe Seite 205). Das R hat einen zu großen Kopf. Es müßte in der *Mitte* der Senkrechten geteilt sein, nicht darunter. Die richtige Form zeigt Seite 205. Das M ist schlimm. Die zwei richtigen Möglichkeiten zeigen die Seiten 205 und 217. Ungenügender Rhythmus des ganzen Wortbildes. Der Abstand zwischen K und R müßte durchgeführt werden. Die Buchstaben sind bereits etwas zu dick. Ein mit dem Zirkel gezogenes O weist optisch zu dicke waagrechte Partien auf.

Firt: Heißt gar nicht Firt, sondern Fiat. Das A ist ganz schlimm. Waagrechte Striche des F und T oben optisch zu dick.

Piras: Viel zu dick. So fette Buchstaben sollte es gar nicht geben. Wasserköpfe bei P und R sind die Folge einer übertriebenen Strichstärke. S nicht gut; die Bogen oben und unten sollten nicht zu Waagrechten entstellt werden. Das Ganze ist schlimm, aber leider recht typisch.

Busch: Alles viel zu dick. Daher das zu dunkle B, das auch zu breit ist. Das S ist dafür zu schmal und sogar etwas zu hoch. Die Endungen von S und C würden besser wie auf Seite 204 senkrecht abgeschnitten. Querstrich des H zu dick.

Knopf: Ähnlich fehlerhaft wie «Piras»: alles viel zu fett. Besonders schlechte K-Form, noch schlechter als die in «Krimo» darüber. Seite 204 zeigt die richtige Gestalt des K.

Englebert: Von dieser Zeile ist nur das erste E recht. Die andern beiden E sind schlecht, weil sie nicht einmal genau so aussehen. N zu spitzig und zu schmal. G mit einem unpassenden Dorn. Bogen im G, B und R zu eckig und die Bogenecken zu dick. R mit einem grotesken Wasserkopf. Querbalken des T zu schwer. Schlechter Rhythmus; nur die Abstände zwischen L und E und zwischen R und T sind richtig; alle andern Buchstaben stehn zu dicht.

Buchstabenformen fertig vor dem innern Auge des Zeichners standen. Diese Konstruktionsversuche sind häufig fehlgeschlagen, weil ihre Zeichner eben keine gute Vorstellung von den Buchstabenformen mitbrachten. Selbst die berühmtesten Antiquakonstruktionen der Renaissance, jene von Luca Pacioli (1509) und von Albrecht Dürer (1525), auf die so oft hingewiesen wird, sind keineswegs die besten Modelle. Sie werden, das muß einmal deutlich gesagt werden, überschätzt und sind daher nicht in dieses Buch aufgenommen worden. Die Antiqua von Vespasiano Amphiareo (84 bis 87) ist beiden weit überlegen. Auch die späteren Versuche dieser Art sind nur dann gelungen, wenn sie ein wirklicher Schriftmeister unternahm.

Das anzustrebende Gleichmaß einer Schrift wird eben nur vom Auge erzeugt und wahrgenommen, nicht vom Verstand. Die oberste Forderung lautet, daß kein Buchstabe in der Gesellschaft von andern sich hervortun darf. Fällt ein Buchstabe auf, so ist er schlecht. Ein etwas zu großes O ist ebenso mangelhaft wie ein zu kleines. Ein zu kräftiger Buchstabe muß die richtige Strichstärke erhalten. Fällt ein g aus dem

Rheinbrücke Koller
Möbel Hubacher corrodi

Beispiele schlechter Endstrichloser (Kleinbuchstaben).

Rheinbrücke: Mit dem Lineal und dem Zirkel «erfunden», daher unnatürlich wirkend. e zu breit, R viel zu schmal. Unterernährte Oberlängen, klebende i-Punkte. Miserables ·k. Alle waagrechten Striche optisch dicker als die senkrechten wirkend. Keine Spur von Rhythmus: die Buchstaben kleben aufeinander, und ihre Öffnungen wirken wie Löcher.

Koller: Man kann die senkrechten Striche der ll nicht keilförmig halten, da ein solches Formprinzip in unserer Schrift sich nicht durchführen läßt. Siehe o und e: nichts Keilförmiges. Das K viel zu klein, das r viel zu groß und ohne Verbindung des Tropfens mit dem Grundstrich. Solche r sind unmöglich. Querstrich des e zu tief liegend.

Möbel Hubacher: Zwischen den Wörtern müßte ein Bindestrich stehen. Möbel ist kein Vorname. M und H sind viel zu groß und das M zu leicht im Verhältnis zum H. Punkte des ö viel zu hoch. Die Kleinbuchstaben zur Not erträglich, doch zu dicht stehend.

corrodi: Das d ist bei aller Achtung des Versuches, den Umriß des Wortbildes zu betonen, doch zu lang, und der i-Punkt hat die Form eines schrägen Striches. Das ist kein i mehr, sondern ein ungarischer Akzentbuchstabe. Nur ein Punkt wäre richtig. Die Enden von c und r vertragen sich nicht. Die Enden von c sind nicht kräftig genug, und die Tropfen der r sind entweder ungebührlich dick, oder sie müßten wie die andern Striche durch einen senkrechten weißen Strich aufgehellt werden.

Zusammenhang der Zeile, so stimmt seine Form nicht. Alle diese Mängel sind grobe Fehler, über die nicht viele Worte verloren werden müssen. Eine gute Schrift ist wie eine harmonische Menschengesellschaft, in der niemand sich auffällig benimmt.

Gleichmaß und Harmonie aller Teile müssen selbst von einer Schrift niedrigen Formniveaus verlangt werden. Eine solche Schrift ist gleichwohl noch weit von eigentlicher Schönheit entfernt. Unsere Anstrengungen müssen aber auf die allerbeste und schönste Form gerichtet werden.

Gute Buchstaben bestehen nur scheinbar allein aus ihrem Liniengefüge. Nicht alle erkennen die Bedeutung der Innenformen, der Negativformen, der weißen Flächenausschnitte innerhalb der Buchstaben also. Ein vollendeter Buchstabe zeigt auch schöne Innenformen. Ebenso wie die schwarze Gestalt schöne Bewegungen und Umrisse zeigen muß, müssen auch die weißen Innenformen eine unverworrene, einfache, edle Gestalt haben. Oft liegt es nur an der unbeobachteten und daher mangelhaften Innenform, wenn ein Buchstabe nicht befriedigt.

Es sind nicht nur wohlabgewogene Breitenverhältnisse der Kleinbuchstaben untereinander, die den Wert einer guten Schrift ausmachen. Genau so wichtig sind die zur n-Höhe genau passenden Abmessungen der Ober- und der Unterlängen und die Höhe und Strichstärke der zugehörigen Großbuchstaben.

Die Ober- und Unterlängen einer Schrift erzeugen die charakteristischen Wortumrisse. Sie entscheiden mit über die gute Leserlichkeit. Je kürzer die Ober- und Unterlängen sind, um so formloser wird der Wortumriß. Hüten wir uns also vor derartigen Übertreibungen. Eins der Kennzeichen der Schönheit ist Klarheit und Deutlichkeit. Die Deutlichkeit nimmt ab, wenn wir die Ober- und Unterlängen kürzen. Es gibt keine Regel über das «richtige» Größenverhältnis eines h und eines p zur n-Höhe. Es ist in allen Schriften ein wenig anders. Auch kann es nicht immer durch ein so einfaches Maßverhältnis wie 1:1 oder 2:3 ausgedrückt werden. Theorien hierüber sind sinnlos. Die «richtige» Höhe eines h wird mitbestimmt durch die verhältnismäßige Strichstärke der Buchstaben und durch andere Eigentümlichkeiten der jeweiligen Schrift. Die Unterlängen aber sollen niemals kürzer als die Oberlängen sein. Dies wird allzuhäufig nicht beachtet. Vergleiche das Beispiel auf Seite 35.

Schließlich haben wir noch das Größenverhältnis der Großbuchstaben zu den Oberlängen zu betrachten. Ursprünglich waren die Kleinbuchstaben durchaus eine Schrift für sich. Ihre Gestalt ist von der geschriebenen Federform der karolingischen Minuskel (58 und 59) bestimmt worden. Die Großbuchstaben aber wurden von den alten Römern geprägt (49–53). Erst in der Renaissance erhielten beide Schriftarten ihre heute gültige Form (76). Die Endstriche der Kleinbuchstaben wurden den Endstrichen der Großen angeglichen. Aber die ursprüngliche Verschiedenartigkeit der beiden

Links: Eine Schriftzeile, die frisch und spontan wirken möchte und nur träge, gequält und lahm aussieht. Schlimmes I, dummes t, disproportioniertes k, um auf nur einige Teile besonders zu weisen. Aber keiner der Buchstaben ist gut. Alle sind erzwungen und verkrampft.
Rechts: Beispiel einer ziemlich guten Lösung einer ähnlichen Aufgabe. Der Schwung der ursprünglichen Skizze ist noch einigermaßen erhalten. Man spürt aber zu sehr das Nachfeilen. Nachfeilen muß man solche Entwürfe, aber sehen darf man es nicht.

Signal for Sarah

Open the door!..

Beispiele vorzüglicher freier Pinselschriften. Sämtlich verkleinert.

Links oben: Zeilen aus einem amerikanischen Inserat. Ungewöhnlicher Rechtsschrägschnitt der Pinselkante.

Links unten: Aus einem amerikanischen Inserat. Die ganze Frische der «ersten» Niederschrift ist erhalten.

Rechts: Titelblatt eines chinesischen Buches über Siegel. 1943. Hervorragendes Beispiel für chinesische Kalligraphie. Auf chinesischem Papier kann nicht korrigiert werden. Jeder Strich muß sitzen, oder der Schreiber muß von vorne anfangen. Das viereckige Siegel unten links ist zinnoberrot zu denken.

nun zusammen auftretenden Schriftarten, einer gemeißelten Schrift und einer Federform, ist heute noch in der Antiqua spürbar. Zwischen der Höhe der Oberlängen und der oberen Grenzlinie der Großbuchstaben besteht keine echte Beziehung. Sie haben eigentlich nichts miteinander zu tun. Daß beide Buchstabensorten in vielen Schriften gleich hoch sind, bedeutet nicht, daß sie gleich hoch sein müssen. Beachten wir auch, daß die meisten Oberlängen nur eine Spitze bilden, während die meisten Großbuchstaben oben eine breite Fläche zeigen. Eine Spitze muß, um ebenso deutlich zu erscheinen, wie ein E oder B, ein wenig über diese hinausragen. Dies wird schwierig in der Jüngern Antiqua, zum Beispiel in derjenigen Bodonis (174, 175). Da hier die oberen Endstriche waagrecht verlaufen, sucht das Auge die sichtbare Beziehung zur Höhe der Großbuchstaben. In der Ältern Antiqua, zum Beispiel derjenigen des Aldus Manutius, die heute Bembo genannt wird (125), oder der Centaur (124), ist es leichter, ein angemessenes Größenverhältnis der Großen zu den Kleinen herzustellen. In diesen

Schriften zeigen die oberen Endungen der Oberlängen einen schrägen Anstrich, der sich weit besser mit einer gemäßigten Größe der Versalien verträgt. Es ist viel besser, wenn die Großbuchstaben nicht ganz so hoch wie die Oberlängen der Gemeinen gehalten werden. Dies gilt zumal für die deutsche Sprache, deren Rechtschreibung bis jetzt noch so viele Großbuchstaben verlangt. Großbuchstaben, die genau so hoch sind wie die Oberlängen der Gemeinen, wirken meistens zu auffällig. Sie stehen in keinem angemessenen Gewichtsverhältnis mehr zu den ihnen folgenden Kleinbuchstaben. Seite 126 zeigt die schönste Renaissance-Antiqua, die ich kenne. Aber ein jeder wird die Großbuchstaben dieser Schrift als etwas zu groß und zu vordringlich empfinden. Mit Recht. Sie müßten etwas kleiner sein. Sehen wir uns das Wort Bible in der zweiten Zeile an. Das l ist zwar «genau so hoch» wie das B, erscheint aber kürzer. Das B müßte niedriger sein, um wenigstens gleich hoch zu erscheinen. Außerdem sind alle Großbuchstaben dieser Seite zu kräftig. Großbuchstaben sind zwar stets ein wenig kräftiger als die Kleinen und müssen es auch sein. Doch entdeckt man dies nur beim Nachmessen. Es soll ja auch nicht spürbar sein. In einer Anwendung der Schrift von Seite 126 müßte man also die Größe der Versalien leicht verringern. Damit nimmt auch ihre Strichstärke ab und das richtige Maß an. Fremde Sprachen, wie das Englische oder Französische, haben es leichter. In diesen Sprachen sind die Großbuchstaben selten und werden dort eher als erwünschte Abwechslung angesehen. Es ist aber auch dort besser, sie, wie angegeben, ein wenig kleiner zu halten, als die Oberlängen der Gemeinen anzeigen.

$$290 \ 1675 \ 384 \ Mm$$

Ziffern der Ältern Antiqua (Garamond).
Mit Unter- und Oberlängen. Deutlicher als Ziffern von der gleichen Höhe.

$$290 \ 1675 \ 384 \ Mm$$

Ziffern der Jüngern Antiqua (Bodoni). Von gleicher Höhe, darum weniger gut erfaßbar.

Der Schriftzeichner und -maler hat es nicht nur mit Großen und mit Kleinbuchstaben zu tun, sondern auch mit Ziffern. Diese scheinen ein Stiefkind der Schriftgestaltung zu sein. Wir brauchen uns nur die Ziffern unserer Häuser anzusehen. Viele Leute meinen, weil sie es in der Schule so gelernt haben, daß die Ziffern gleich hoch sein müßten. Das stimmt nicht. Deutliche Ziffern haben nicht die gleiche Höhe, sondern haben wie die Gemeinen Unter- und Oberlängen. Zwar gibt es Fälle, wo der Gebrauch gleich hoher Ziffern angezeigt ist, zum Beispiel in Großbuchstabenzeilen, doch sind sie selten. Eine längere Zahl ist schöner, vor allem aber viel leichter erfaßbar, wenn man die Zifferbilder in der älteren Form bringt. Ein Schriftbeflissener tut gut daran, schöne ältere Schriftformen, die ihm an Häusern oder sonst begegnen, zu notieren und sie seiner Schriftensammlung einzufügen. Darunter befinden sich gewiß auch schöne Jahreszahlen von alten Häusern. Sie erfreuen unser Auge, weil ihr Umriß artikuliert ist wie ein Wort aus Kleinbuchstaben, ganz abgesehen von der Gestalt der Ziffern selber. Ziffern bilden einen willkommenen Schmuck.

Bei dieser Gelegenheit ist zu erwähnen, daß auch die Ziffern ursprünglich weder zu den Kleinbuchstaben noch zu den Großbuchstaben gehören. Sie stammen sogar aus einer fremden Kultur; ihre heutige Gestalt geht auf ihre arabische Form zurück. Das ist auch der Grund, warum sie immer ein wenig fremdartig wirken. Wenn Ziffern mit Buchstaben zusammenstehen, so müssen sie den gleichen Stil wie die Buchstaben zeigen. Ihre Formelemente haben nur wenig mit jenen der Buchstaben gemeinsam. Es obliegt dem Schriftmeister, diese Formgegensätze unspürbar zu machen.

Alles Gesagte weist wohl auf besonders wichtige Eigenschaften gut geformter Schriften hin, kann indessen nicht eigentlich beschreiben, was die Schönheit von Buchstaben ausmacht. Allein eine eindringliche Betrachtung und die praktische Betätigung kann den Unterschied zwischen mittelmäßigen oder gar schlechten und schönen Schriften lehren. Man kann die guten Vorbilder dieses Buches gar nicht genau genug studieren. Nicht der kleinste Teil irgendeines Buchstabens darf dabei außer acht gelassen werden. Der Anfänger täusche sich nicht darüber, daß ihm die Schönheiten dieser Buchstaben vorerst nur teilweise aufgehen. Erst nach langem Studium begreift man, wie notwendig die Form dieses und jenes Teils oder irgendeines bestimmten Buchstabens innerhalb eines Alphabets ist. Selbst dann, wenn man ein gutes Alphabet einwandfrei kopieren gelernt hat. Glaubt man, daß da und dort eine geringfügige Veränderung erwünscht sei, so fordert nicht allein die Achtung vor den überlieferten, niemals zufälligen Formen, sondern auch die mit wachsender Erfahrung zunehmende Einsicht in ihren Sinn, selbst die leichtesten Variationen nur mit größtem Bedacht vorzunehmen.

DIE ÄLTEREN SCHRIFTARTEN

DIE eigentliche Geschichte unseres Alphabets beginnt mit der Schrift der alten Römer. Es ist die Schrift, die zur Zeit Ciceros und Caesars benutzt wurde. Sie ist keine Erfindung der Römer. Sie hatten das griechische Alphabet, wie es in Süditalien von griechischen Kolonisten benutzt wurde, übernommen und einige ungeeignete Zeichen durch andere ersetzt. Auch änderten dabei einige Zeichen ihren Lautwert.

Ihre höchste Vollendung erhielten die römischen Buchstaben nach etwa siebenhundertjähriger Entwicklung um die Wende des ersten Jahrhunderts nach Christus. Das schönste Beispiel dafür ist die Inschrift der Trajanssäule in Rom (50–53). Diese Buchstaben, *capitalis romana* genannt, die durchschnittlich 10 cm hoch sind, wurden mit einem Flachpinsel vorgeschrieben und mit dem Meißel in den Stein gehauen. Die sanften Schwellungen der Rundungen offenbaren die formgestaltende Kraft des wie eine Feder schreibenden Pinsels. Die wohlausgebildeten Endungen der Schrift verdanken ihre Form dem Bemühen, den Strichen oben und unten einen deutlich wahrnehmbaren Abschluß zu geben. Die Proportionen dieses mit Recht gefeierten Alphabets sind von hohem Adel und kaum je übertroffen worden. Sie sind die ewige Quelle unserer Schrift, von der alle unsere Schriftarten abgeleitet sind.

Für ihre Bücher benutzten die Römer eine breitgeschnittene Rohrfeder. Sie entwickelten zwei Buchschriften, eine langsame und eine schnelle. Die langsame führt den Namen *Quadrata* (54a und b). Eine ihrer Abarten (54a) wurde mit einer Feder geschrieben, deren Schnitt nahezu parallel zur Schriftlinie lag. Eine andere Abart zeigt eine schrägere Federhaltung (54b), das heißt, die Schnittkante der Feder bildet einen Winkel mit der Schriftlinie. Schneller war die *Rustika* zu schreiben (54c), die eine noch schrägere Federstellung verrät. Quadrata und Rustika sind die Buchschriften der alten Römer. Ihre Verkehrsschrift, die sie mit einem Griffel in Wachstafeln oder mit einer sehr schmalen Rohrfeder auf Papyrus schrieben, war die *Ältere römische Kursive* (55a). Die Inschriften und die beiden Buchschriften der alten Römer zeigen gleichhohe Buchstaben. In der Ältern römischen Kursive ragen indessen zahlreiche Teile der Buchstaben über das Zweiliniensystem hinaus. Diese Verkehrsschrift bereitete eine neue Schriftart vor, die *Unziale* (55b, 55c, 56a, 60). Die Unziale weist nicht nur einige Ober- und Unterlängen, sondern auch ziemlich zahlreiche Rundungen an Stelle früherer Geraden auf. E, D, H, M sind jetzt rund. L, D, H zeigen Oberlängen, P und R Unterlängen. Von der Unziale gibt es Abarten von «gerader» (55b, 56a, 60) und solche von «schräger» Federhaltung (55c). Die römische Spätzeit benutzte als Verkehrsschrift die *Jüngere römische Kursive* (56b), deren Formen jenen der Unziale nahe stehen. Unter- und Oberlängen erwiesen sich als Mittel erhöhter Leserlichkeit. In der *Halbunziale* (56c) sind sie noch deutlicher als bisher ausgeprägt. d, b, f und a sehen bereits annähernd so aus wie unsere Kleinbuchstaben. Eine besonders schöne Halbunziale wurde in Irland und England geschrieben. Ihr schönstes Denkmal ist das *Book of Kells* (57). Die Buchstaben dieses Evangeliars zeigen eine langsame, vollendete Schrift von großer Schönheit.

Wohl das wichtigste Ereignis der abendländischen Schriftgeschichte war die Ausbildung der *karolingischen Minuskel* (58, 59, 61, 62). Sie ist eine wohlüberlegte Schöpfung des Bischofs Alkuin von York, den Karl der Große mit dem Auftrag an seinen Hof berief, das Bildungswesen seines Reiches in die Hand zu nehmen. Die karolingische Minuskel ist die erste echte Minuskel- oder Kleinbuchstabenschrift. Die Buchstaben sehen den heutigen Kleinbuchstaben ziemlich ähnlich. Noch hat das gemeine t keine Spitze, aber das n, einer der wichtigsten Buchstaben, hat bereits seine moderne Form gefunden. Die Schrift wurde mit einer nicht sehr breiten, schräg zur Schriftlinie stehenden Feder und bereits ziemlich schnell geschrieben.

Es war nicht der Stilwandel allein, der allmählich die runden Formen der karolingischen Minuskeln brechen hieß. Der Bildungshunger der Geistlichen, das heißt derjenigen, die damals überhaupt lesen und schreiben konnten, forderte mehr und mehr Abschriften der theologischen Literatur. Man versuchte schneller zu schreiben; die Schrift wurde da und dort flüchtiger, enger und eckiger. Schließlich erhob man die Eckigkeit und Dichte zum Formprinzip. Das Ergebnis war die *Textur* (64, 65, 67, 70). Wir unterscheiden die ganz gebrochene, im Norden Europas verwendete *Textur* von der *Rotunda* oder *Rundgotisch* (63, 72), die noch immer einige Rundungen aufweist, sich nicht völlig von der karolingischen Minuskel löst und vor allem in Italien und Spanien benutzt wurde.

Das Ende des Mittelalters wird durch das Aufkommen eines neuen Schriftstils bezeichnet, der in Wirklichkeit ursprünglich nichts anderes ist als die vorsätzliche Kopie der karolingischen Schrift. Zuweilen sind Handschriften der italienischen Frührenaissance außer durch den nunmehr auftretenden i-Punkt von solchen der karolingischen Frührenaissance kaum zu unterscheiden. Die Schrift nahm indessen bald etwas selbständigere Formen an (74, 75, 78). Ihr liegt die heutige Druckschrift, die *Antiqua,* zugrunde, denn sie diente den Frühdruckern als Modell für die ersten Antiquadruckschriften (76). Diese geschriebene *humanistische Minuskel* war eine Buchschrift. Schneller als sie wurde die Verkehrsschrift der italienischen Renaissance, die *humanistische Kursive,* die bald den Namen *Cancelleresca* annahm, geschrieben (79, 80, 81). Diese Schrift war wirklich neu. Sie ergab das Modell für die *Kursiv,* die Schwesterschrift der Antiqua.

Noch befand sich die Schreibkunst in der Hand der päpstlichen und höfischen Schreiber. Doch war inzwischen die Buchdruckerkunst erfunden worden, und die Herstellung der Bücher ging aus den Händen der Schreiber in jene der Buchdrucker über. Den Kalligraphen verblieben nur noch die Niederschriften von Verträgen und der Schreibunterricht.

DIE NEUEREN SCHRIFTARTEN

INNERHALB der seit der Erfindung Gutenbergs gebräuchlichen und gebräuchlich gewesenen Schriftarten unterscheiden wir die *runden Schriften (römischer Form)* von den *gebrochenen Schriften.* Die gebrochenen Schriften sind bisher oft nicht nur ungenau als «Frakturschriften», sondern nicht selten auch als «deutsche Schriften» bezeichnet

rund gebrochen

worden. Keiner der beiden Ausdrücke ist treffend. *Fraktur* ist nur eine, aber eine ganz bestimmte Schriftart; eine *Rundgotisch* darf nicht als «Fraktur» bezeichnet werden; und nur zwei der gebrochenen Schriften, nämlich die *Schwabacher* und die *Fraktur,* sind deutschen Ursprungs.

Die runden Schriften nun werden in zwei Familien eingeteilt:
1. die Familie der Schriften römischer Form mit *wechselnden* dicken und dünnen Strichen (Antiquaschriften), und
2. die Familie der Schriften, die aus *gleichstarken* Strichen bestehen (Endstrichlose und Egyptienne-Schriften).

Antiqua Endstrichlose **Egyptienne**

Die *runden Schriften* (*römischer Form*) mit *wechselnden* dicken und dünnen Strichen zerfallen in vier Gruppen, nämlich in

    a) die der venezianischen Antiquaschriften,
    b) die Gruppe der Ältern Antiqua,
    c) die der Antiquaschriften des Übergangsstils,
    d) die Gruppe der Jüngern Antiqua.

Zumal in dieser, für uns wichtigsten, Familie findet man sich heute nicht mehr zurecht, wenn man Namen wie «Mediäval» oder gar den irreführenden Ausdruck «reine Antiqua» als Gattungsnamen benutzt. Der Sinn dieser Ausdrücke ist dunkel geworden, da sie nicht sowohl im engern wie im weitern Sinne gebraucht werden können.

Die *venezianischen Antiquaschriften,* deren schönste Form die Antiqua des *Nikolaus Jenson* (Venedig 1470; 76) ist, zeigen die Abhängigkeit von der geschriebenen humanistischen Minuskel, der italienischen Buchschrift der beginnenden Renaissance (74, 75), am deutlichsten, unterscheiden sich aber im großen und ganzen nicht allzusehr von der wenig späteren Ältern Antiqua. Ihr deutlichstes Merkmal ist der schräg aufwärts laufende Querstrich des e, ein anderes die auch nach innen weisenden oberen Endungen des M. Die unter dem Namen *Centaur* gehende Druckschrift des amerikanischen Schriftkünstlers Bruce Rogers (124) lehnt sich an die Antiqua Jensons an.

Die *Ältere Antiqua* (bisher ungenau meistens als Mediävalantiqua, zuweilen auch als Elzevir bezeichnet) kommt ebenfalls von der geschriebenen Form her (Bembo, 125; de Tournes, 126; Garamond, 128). Doch liegt von nun an der Querstrich des e waagrecht; auch verraten die Formen der Versalien ein sorgfältiges Studium der altrömischen Inschriften. Die oberen Ansätze von l, b, d und i, j, m, n, u sind schräg wie in der Federschrift. Auf die Federschrift geht auch der schräge Druck in den Rundungen zurück. Die Endungen vor allem der Versalien werden mit einer leichten Rundung in den Grundstrich übergeführt.

Ältere Antiqua, lbdijmoeft

Die Antiquaschriften dieses Stils wurden seit der Renaissance bis zur Mitte des achtzehnten Jahrhunderts benutzt. Am bekanntesten sind die unter dem Namen *Garamond* oder Garamont gehenden Nachschnitte. Einer dieser Nachschnitte ist die Grundschrift dieses Buches. Ihm liegt indessen, was erst zu spät herausgefunden wurde, die Antiqua *Jean Jannons,* eines schweizerischen Schriftschneiders (Sedan 1621), zugrunde.

Nach und nach begann man den Unterschied zwischen den stärkeren und dünneren Strichen stärker zu betonen. Die Schrift wurde etwas spitziger. Dies wird deutlich in der edlen und ausdrucksvollen Janson-Antiqua (Leipzig, um 1690). Diese alte Schrift (140,141) zeigt den holländischen Stil des ausgehenden siebzehnten Jahrhunderts, der etwas später dem englischen Schriftschneider *William Caslon* (140–147) als Vorbild für seine Antiqua diente. Diese erreicht die Schönheit ihres Modells zwar nicht, hat aber ihre Brauchbarkeit länger als zwei Jahrhunderte hindurch erwiesen.

Die *Antiquaschriften des Übergangsstils* stehen formal genau zwischen der Ältern und Jüngern Antiqua. Die oberen Ansätze von l, b, d und i, j, m, n, u, die in der Ältern Antiqua einen Winkel von fast 45 Grad bilden, sind weniger schräg, die Rundungen weisen einen fast senkrechten Druck auf, und die Verstärkung der Bogen erfolgt etwas plötzlicher als in der Älteren Antiqua. Jedoch haben diese Anschwellungen noch immer eine gerundete Innenseite. Der Einfluß der Kupferstecherschrift des achtzehnten Jahrhunderts ist spürbar. Zu dieser Gruppe gehören die Antiquaschriften *John Baskervilles*

Schematische Darstellung der Hauptunterschiede der Ältern Antiqua,
der Antiqua des Übergangsstils und der Jüngern Antiqua.

(1751; 160–163) und *John Bells* (1788; 164, 165), ferner die Schriften von *J.F. Rosart* (157) und *J.P. Fournier d.J.* (158, 159), *Fry's Ornamented* (166), und *Old Face Open* (167).

In der *Jüngern Antiqua,* deren deutlichste Ausprägung *Giambattista Bodoni* (1790) geschaffen hat, sind nahezu alle Erinnerungen an die ursprüngliche Federform getilgt (172–175). Alle Endungen liegen horizontal und sind dünne Strichlein, die sich scharf und ohne sanfte Innenkurve von den kräftigen Grundstrichen abheben. Selbst für die Leserlichkeit so erhebliche Teile wie die Querstriche des f und des t sind so dünn wie die Endstriche. Nur die Kursiv behält einige handschriftliche Züge noch bei, doch wird auch hier das geometrisierende Prinzip so weit als möglich verwirklicht. Der

Jüngere Antiqua, lbdijmoeft

Druck in den Rundungen ist genau senkrecht und erfolgt sozusagen unvermittelt, die Innenseite dieser Kurven ist eine Gerade. Weder *Didot* (176, 177, auch 171) noch der Deutsche *Walbaum* (180, 181), Bodonis Zeitgenossen, sind in der Durchführung der Zeitvorstellung so weit wie Bodoni gegangen.

Die *Fette Antiqua* (seit 1807), eine der groteskesten Erscheinungen der Schriftgeschichte, zeigt abnorm dicke Grund- und dünnste Verbindungsstriche (182, 183, 186, 187, 188, 195). Als die Schrift aufkam (1832), die heute gemeinhin «Grotesk» genannt wird – ich schlage die Bezeichnung *Endstrichlose* anstelle dieses sinnlosen Namens vor –, wirkte sie äußerst sonderbar; daher rührt ihr Name (188, 202, 203, 204, 205, 216, 217).

Die *Egyptienne* (seit etwa 1815) ist die andere der beiden Schriftarten mit gleichstarken Strichen. Das Kennzeichen der Egyptienne sind Endstriche, die fast ebenso (nicht gleich) dick sind wie die Grundstriche (190, 191, 193, 196). Zwei ihrer Abarten sind die *Italienne* (197) und die *Clarendon* (199).

Mit Ausnahme der Egyptienne haben alle runden Schriften römischer Form seit etwa 1540 eine zu ihnen passende *Kursiv*. Diese steht stets der geraden Form nahe, entlehnt der Handschrift aber immer mindestens die Formen *a* und *e*. Selbst Bodoni

Ältere Kursiv, anefmpjt   Jüngere Kursiv, anefmpjt

behielt sie bei. Daß in einzelnen modernen Antiquakursivschriften schräg gestellte a und e aufgekommen sind, ist zu bedauern; denn außer durch ihre geringere Weite und Schräglage unterscheidet sich die Kursiv gerade durch diese beiden Formen von der Antiqua. Es widerspricht der eigentlichen Aufgabe der Kursiv, solche Unterschiede zu unterdrücken.

Die *gebrochenen Schriften* zerfallen in

a) Rundgotisch,
b) Textur,
c) Schwabacher und
d) Fraktur.

Die ersten drei gehören dem gotischen Stil an; die *Fraktur* (1513, 104–109) ist eine Schöpfung der deutschen Renaissance. Die vollständig gebrochene Form, die auch Gutenberg für den Druck der Zweiundvierzigzeiligen Bibel verwendet hat, heißt *Textur*, nicht «Gotisch» (64). Die *Rotunda* oder *Rundgotisch* (72) hat eine Wiederauferstehung in unserer Zeit erlebt; ihre beste Fassung stammt von Emil Rudolf Weiß. Die *Schwabacher* (seit etwa 1470), die lange vergessen war (102, 121), ist heute wieder weit verbreitet.

Die vier gebrochenen Schriftarten sind leicht an ihren Kleinbuchstaben zu erkennen. In der *Textur*, der nordeuropäischen Schrift der späten Gotik, sind alle Rundungen der Kleinbuchstaben oder Gemeinen gebrochen. Die *Rundgotisch* oder *Rotunda*, die in Italien und Spanien im fünfzehnten Jahrhundert gebraucht wurde, geht nicht so

amðmomomi   amðmomomi
Textur   Rotunda

weit; doch sind mindestens die oberen Endungen des n und verwandter Formen gebrochen. In der *Schwabacher*, die in Deutschland aus der spätgotischen Verkehrsschrift entstand, sind selbst a und ð beidseitig rund, alle Formen aber mindestens spitziger als in der Rundgotisch. Charakteristisch sind das oben rechts gekreuzte g und das ð. In der *Fraktur*, der deutschen Schrift der Renaissance, sind die beidseitig runden Buchstaben der Schwabacher halb rund, halb gebrochen.

amðmomvmi   amðmomvmi
Schwabacher   Fraktur

Der beste gebräuchliche Hauptvertreter des älteren Frakturstils ist die *Luthersche Fraktur* (siebzehntes und achtzehntes Jahrhundert; 122), schöne jüngere Formen sind die *Unger-Fraktur* (1794; 178) und die *Walbaum-Fraktur* (frühes neunzehntes Jahrhundert; 179).

Das zweite Drittel des neunzehnten Jahrhunderts ist durch eine erstaunliche Menge sehr phantasievoller, zum Teil phantastischer Schriftformen gekennzeichnet. Sie sind größtenteils heute sehr selten geworden, lassen sich aber gleichwohl ihren Grundformen nach sehr oft noch recht gut in der Architektur verwenden, weil die gute Hälfte aller bestehenden Bauten dem neunzehnten Jahrhundert angehört. Aus der Fülle dieser Schriftarten kann ich nur eine kleine Auswahl zeigen (182–203).

Klassierung und Benennung der Hauptschriftarten

HAUPTGRUPPEN

I. Schriften römischen Ursprungs	A. Runde Schriften (römischer Form)
	B. Gebrochene Schriften
II. Schriften fremden Ursprungs	Griechisch, Hebräisch, Arabisch, Chinesisch usw.

SCHRIFTEN RÖMISCHEN URSPRUNGS

Runde Schriften (römischer Form)	Mit wechselnden dicken und dünnen Strichen	Schräger Druck	*Venezianische Antiqua*	(siehe Seite 76)	1470 - 1500*
			Ältere Antiqua, mit Kursiv	eMgme*m*	1495 - 1757
		Vermittelter senkrechter Druck	*Antiqua des Übergangsstils, mit Kursiv*	eMgm / eMgm	1757 - 1790
		Unvermittelter senkrechter Druck	*Jüngere Antiqua, mit Kursiv*	eMgme*m*	1790*-1900*
	Mit gleichstarken Strichen	Ohne Endstriche	*Grotesk (Endstrichlose)*	eMgm	Seit 1832
			Grotesk-Kursiv	eMgm	
		Mit Endstrichen	*Egyptienne*	eMgm	Seit 1815*
Gebrochene Schriften	Obere Ansätze von i n m gebrochen, Rundungen wie in der karolingischen Minuskel; mit Neigung zur Brechung, aber ohne scharfe Spitzen		*Rundgotisch (Rotunda)*	emosdav	Seit 1486
	Fast alle Teile der Gemeinen gebrochen		*Textur*	emosdav	Seit 1455
	Beidseitige Rundungen in den Gemeinen o s d a v, scharfe Spitzen; charakteristische Sonderform g mit Kreuz oben rechts		*Schwabacher*	emosdav	Seit 1470*
	Die Formen o s d a v halb rund, halb gebrochen		*Fraktur*	emosdav	Seit 1513*

(Gotische Schriften — Zusammenfassung der vier gebrochenen Schriften)

*annähernd

DER UMGANG MIT GROSSBUCHSTABEN

DIE oberste Regel für das Sperren von Großbuchstaben oder Versalien verlangt einen rhythmisch vollkommenen Zusammenhang der Wortbilder und der Zeile. Unter Sperren versteht man die Verteilung angemessener Zwischenräume zwischen den Buchstaben. Ein ungesperrtes Wortbild ist unter allen Umständen mangelhaft. Leider wird die Notwendigkeit, Versalienzeilen mindestens ein wenig zu sperren, viel zu selten erkannt. Viele wissen zwar, daß Buchstaben wie A, J, L, P, T, V und W Lücken reißen, und Wörter, die derartige Buchstaben enthalten, werden daher oft auch einigermaßen «ausgeglichen». Nicht selten geschieht das aber mittels unangemessener Verkürzungen etwa der Querstriche des L oder T, oder durch Verrenkungen der Gestalt der Buchstaben.

Die Buchstaben selbst sind unveränderlich und unberührbar. Das rhythmische Wortbild darf nicht auf Kosten der richtigen Gestalt der Buchstaben erzwungen werden. Wenn einem L gar ein A folgt, so entsteht eine Lücke, die zahlreiche Schriftenmaler und Zeichner vor ein scheinbar unlösbares Problem stellt. Das L darf nicht verkürzt werden. L und A dürfen nicht zusammengezogen werden. Beides besagt, daß Großbuchstaben zumindest nicht immer ganz dicht beieinander stehen können. Eine dichte Reihung ist jedoch unter allen Umständen unrichtig, unvollkommen, schlecht. Selbst wenn ein Wort, wie HENNE oder HUHN, keine lückenreißenden Buchstaben enthält.

Vor allem muß man wissen, daß der Rhythmus eines gut gestalteten Wortes nie und nimmer auf dem gleichmäßigen linearen Abstand der Buchstaben voneinander beruht. Allein der zwischen den Buchstaben enthaltene Flächenraum zählt. Dieser, nicht der nachmeßbare lineare Abstand muß überall gleich groß sein. Bei der richtigen Bemessung der Zwischenräume ist indessen unser Auge entscheidend, nicht so sehr was man nachmessen kann. Wie überhaupt unser Auge über alles Sichtbare richtet, nicht der Verstand. Am schwersten ist das gleichmäßige Sperren der Endstrichlosen, der Grotesk. Hier zeigen sich selbst die kleinsten Mängel überdeutlich. Ich habe darum die Beispiele dieses Abschnittes in dieser Schriftart gehalten. Die nachfolgenden Regeln gelten aber nicht nur für die Endstrichlosen, sondern auch für die Antiqua, überhaupt für alle lateinischen Schriftarten. Ich räume der Endstrichlosen keinen Vorrang ein.

Man hat sich bisher viel zu wenig mit dem Problem des richtigen Rhythmus der Großbuchstaben befaßt. Rudolf von Larisch verlangte, daß die Abstände zwischen Versalien räumlich, und nicht wie gegen das Ende des neunzehnten Jahrhunderts nur linear, gleich breit sein sollten. Diese Regel genügt aber nicht. Es gibt nicht nur die Buchstaben wie L und A, sondern auch noch das lochreißende O, das sich, wenn auch auf andere Art, ebenfalls «störend» bemerkbar machen kann. Weil manche Leute mit dem kreisrunden O nicht umgehen können, meinen sie, daß es nicht kreisrund sein dürfe. Der Fehler liegt aber nicht am kreisrunden O, das in zahlreichen Schriften die richtige Form ist, sondern am Schriftzeichner, der zu wenig darüber nachgedacht hat, auf welche Art das kreisrunde oder fast kreisrunde O zu einem unauffälligen Bestandteil des Wortbildes gemacht werden kann.

Solange das kreisrunde O ziemlich dicht neben anderen Buchstaben steht, bildet seine Höhlung ein wahrnehmbares Loch in der Zeile. Rückt man aber die Nachbarbuchstaben genügend weit weg, so daß der das O umgebende weiße Raum der Öffnung des O einigermaßen optisch entspricht, so verschwindet das Loch im Wortbild. Ich nenne dies «Neutralisieren». Der zu fordernde Mindestabstand zwischen Großbuchstaben muß immer und überall diesem optischen Werte entsprechen, selbst wenn

WOLLWAREN WOLLWAREN

Linear gleiche Entfernungen zwischen den Buchstaben ergeben unrhythmische Wortbilder. Das O reißt ein Loch, weil die Buchstaben einander überhaupt zu dicht folgen.

Die Abstände dürfen nicht linear gleich, sondern müssen flächenräumlich gleich sein. Die Buchstaben müssen durch gleichgroße und reichliche Abstände getrennt sein.

die Wortbilder weder ein O noch lückenreißende Buchstaben wie L oder V enthalten. Wer diese Regel beachtet, wird keinerlei Mühe haben, auch die «unbequeme» Buchstabenfolge LA einem Wortbilde rhythmisch einwandfrei einzufügen.

Die Regel kann auch anders ausgedrückt werden. Wir werden bei den Kleinbuchstaben lernen, daß in dem Worte «mimi» die acht Grundstriche ungefähr gleich weit voneinander entfernt sein sollen. Nehmen wir das Wort HUHN, so stehen wir demselben Problem gegenüber. Auch hier sollen die acht senkrechten Striche im Normalfalle gleich weit voneinander entfernt sein. Nimmt man dies als Richtschnur an, so entsteht auf einem andern Wege genau derselbe Rhythmus, wie wenn wir uns bemühen, das kreisrunde O zu «neutralisieren».

HUHN HUHN

Falsch. Viel zu eng. Richtig.

Die Regel umreißt den Normalrhythmus eines Wortes aus Großbuchstaben. Enger dürfen Großbuchstaben niemals stehen, wenn ein einwandfreies, wirklich schönes Schriftbild entstehen soll. Sie dürfen jedoch, zumal auf Häusern und über Läden, zuweilen weiter, ja wesentlich weiter gesperrt werden. Das weite Sperren von Großbuchstaben vermindert jedoch die Übersichtlichkeit eines Wortbildes, selbst wenn die Buchstaben selber sehr gut leserlich sind. Die Schrift fängt dann an zu «perlen». Dies ist aber keineswegs immer ein Nachteil, sondern vermag ein Haus oft erfreulich zu schmücken.

Bei der Betrachtung der Kleinbuchstaben werden wir erfahren, daß unser Auge an der obern Grenzlinie der Kleinbuchstaben entlang gleitet und eigentlich nur die obere Hälfte «liest». Die Großbuchstaben lesen wir eher als ganze Zeichen. Und doch ist für den richtigen Rhythmus auch der Großbuchstaben die obere Hälfte etwas wichtiger als die untere. Das zeigt sich, wenn wir etwa den richtigen Abstand eines A von den Nachbarbuchstaben mit dem Abstand des doch gleich breiten V von den Nachbarn vergleichen. Der genau gleiche Abstand wirkt zu klein, eben weil das V sich nach oben ausbreitet.

Ein ähnlicher Fall liegt vor, wenn die richtigen Abstände neben einem T gefunden werden müssen. Mag auch der Flächenraum zwischen T und dem nächsten Buchstaben genau derselbe wie zwischen zwei Buchstaben wie H und E sein, so muß doch wegen des vorstoßenden Querbalkens der Abstand vor und hinter dem T um eine Spur weiter gehalten werden.

↓
THEO

Der Flächenraum zwischen T und H genügt nicht; der Querbalken stößt optisch an das H an.

Hier ist der Fehler beseitigt. Der Flächenraum zwischen T und H ist leicht vergrößert worden.

Selbst L und A dürfen niemals ganz dicht zusammengesetzt werden. Eine gewisse, wenn auch verhältnismäßig sehr kleine, Lücke ist nötig. Sonst beginnen die beiden Buchstaben aneinander zu kleben. Sie müssen aber, um schön zu wirken, genügend voneinander getrennt sein.

LADEN

Selbst zwischen L und A muß stets eine kleine Lücke sein, sonst kleben diese beiden Buchstaben zu sehr aneinander.

Hier ist der Abstand zwischen L und A richtig. Sie sind nun beide für sich wahrnehmbar.

Dies gilt überhaupt. Wenn die Schönheit der lateinischen Großbuchstaben voll erstrahlen soll, so dürfen diese nicht jenes Gewirr bilden, das ungesperrte Zeilen, selbst solche ohne lückenreißende Buchstaben, zeigen. In dem Worte BUCHDRUCK sind keine besonders lückenreißenden Buchstaben enthalten. Eine dichte Reihung läßt jedoch etwa den zweiten Grundstrich des H und den Grundstrich des D allzu dicht erscheinen, während das H, und ebenso das U, ja alle Buchstaben, eher ihre Öffnungen als ihren eigentlichen Umriß zeigen. Solche Wörter sind schlecht leserlich und unschön. Erst wenn der Abstand zum Beispiel zwischen H und D annähernd dem Abstand zwischen den beiden Grundstrichen des H entspricht, wird das Wort leserlich und schön. Was vorher als unerfreuliche Öffnung erschien, C und U etwa, ist jetzt neutralisiert und erscheint selbstverständlich. Die Buchstaben können jetzt atmen. Ungesperrte Großbuchstaben bilden ein schwer leserliches, häßliches Dickicht.

BUCHDRUCK   BUCHDRUCK

Falsch. Buchstabendickicht. Häufiger Fehler.

Richtig, klar und schön.

Der Wortabstand in Großbuchstabenzeilen

Ebenso wichtig wie eine richtige und gleichwertige Sperrung der Großbuchstaben selber ist die harmonische Bemessung der Wortabstände in solchen Zeilen. Sie dürfen weder zu klein noch zu groß sein. Die beste Regel ist es, den Wortabstand so zu bemessen, daß ein I zwischen die beiden Wörter gestellt werden könnte, mitsamt den ihm zukommenden Buchstabenabständen. Die Regel, die man zuweilen gelesen hat, daß ein O zwischen die beiden Wörter gerade noch müßte gequetscht werden können, ist unglücklich formuliert, da sie keine Rücksicht auf die möglichen Abstufungen der Sperrung nimmt. Denn wenn die Buchstaben weit gesperrt sind, so braucht man einen weiteren Wortzwischenraum, als wenn sie nur normal gesperrt sind. Bei der Ausführung ganz allein stehender längerer Zeilen auf Häusern darf man den Wortabstand vielleicht noch um eine Spur größer halten, damit die Wörter wahrnehmbar getrennt erscheinen. Doch muß in erster Linie der Zusammenhang der Zeile gewahrt bleiben. Die Zeile darf nicht in Einzelwörter auseinanderfallen.

SCHÖNER HAUSRAT

Der Wortabstand in Großbuchstabenzeilen soll einem I samt seinen beiden Buchstabenabständen, wie sie in der Zeile gehalten sind, entsprechen.

Hier ist auch ein Wort über die Zeichensetzung in Großbuchstabenzeilen am Platze. Punkte und Striche sind wenig erwünscht. Gelegentlich läßt der Bindestrich sich nicht vermeiden, wenn ihn die Rechtschreibung verlangt. Doppelpunkte sind unerwünscht und auch kaum nötig. Kommas sollen, wenn irgend möglich, vermieden werden. Schlußpunkte werden in Aufschriften nicht gesetzt. Gelegentlich werden, wie in dem Wortbild «AG.» Abkürzungspunkte verlangt, obgleich sie hier, ebenso wie in der Zusammenstellung «GMBH», nicht eigentlich nötig sind. Man versuche sie zu vermeiden. Aber es gibt andere Ausdrücke, in denen sich der Abkürzungspunkt nicht unterdrücken läßt. Dieser steht dann auf der Grundlinie; er darf weder zu klein noch zu groß sein. Vor allem muß ein schöner Abstand zum vorhergehenden Buchstaben gefunden werden. Er wird in der Regel zu dicht an den vorhergehenden Buchstaben geklebt. Der Abstand muß zwar nicht ganz so groß sein wie der Normalabstand zwischen zwei Buchstaben, aber eine dichte Nähe ist falsch.

Es gibt ein Zeichen, das geeignet ist, Unterbrechungen in Großbuchstabenzeilen anzuzeigen. Das ist der auf Zeilenmitte gestellte Punkt, der in der Höhe des H-Querstriches liegt. Er hat entweder, je nach der Schriftart, Größe und Form eines normalen Schlußpunktes, oder er nimmt, in gemeißelten Schriften, die Form eines kleinen Dreiecks an.

TAPETEN · TEPPICHE

Manche Zeichner verwenden anstelle dieses einzig richtigen Zeichens gelegentlich einen Schrägstrich in der Höhe der Großbuchstaben. Ein solcher ist nicht nur zu lang, sondern überhaupt ein Irrtum. Er gehört nicht in Großbuchstabenzeilen, sondern zu den gebrochenen Schriften. In der Schwabacher und in der Fraktur verwendete man früher nicht Kommas in ihrer heutigen Gestalt, sondern in der Form langer, fast die ganze Buchstabenhöhe einnehmender Schrägstriche (vergleiche 105, 106, 108, 121, 122). In Großbuchstabenzeilen aber haben sie nichts zu suchen.

Der Zeilenabstand von Großbuchstabenzeilen

Großbuchstaben haben zwei Führungslinien. Die untere heißt Schriftlinie. Der Abstand zwischen zwei oder mehr Zeilen aus Großbuchstaben von gleicher Höhe wird gewiß vor allem durch die Raumaufteilung der Fläche bestimmt, in der sich die Zeilen befinden. Es ist aber nicht unnütz, darauf hinzuweisen, daß Buchstabenhöhe und Zeilenabstand, wie übrigens alles in der Schrift, eine Proportion darstellt, und die Proportion kann, wenn wahrnehmbar, schön oder häßlich sein. Ergibt die Gesamteinteilung des Schildes sehr weite Zeilenabstände, so wird die Proportion zwischen Zeilenhöhe und -abstand nicht mehr eigentlich wahrgenommen. Stehen die Zeilen aber dicht untereinander, so sieht man die entweder gute oder schlechte Proportion.

Eine vorzügliche Proportion ist das Verhältnis 1 zu 1, das heißt Zeilenabstand gleich Buchstabenhöhe. Geringer sollte der Abstand zwischen zwei Zeilen aus Großbuchstaben nicht sein. Man hat ferner die Möglichkeit, die Proportion 2 zu 3 zu verwenden. Dann ist der Zeilenabstand um die Hälfte größer als die Buchstabenhöhe. Eine dritte gute Proportion ist das Verhältnis 1 zu 2. Dann entspricht der Zeilenabstand genau zwei Buchstabenhöhen (vergleiche die Schrift auf der Front des vorliegenden Buches).

Nur wenn der Zeilenabstand nicht kleiner als die Buchstabenhöhe ist, werden die oben geforderten richtigen Wortabstände richtig aussehen. Ist der Zeilenabstand kleiner als die Buchstabenhöhe, so wirken die richtigen Wortabstände wie Löcher, und das ganze Schriftgebilde wird undeutlich und häßlich.

FRAUENABTEILUNG
DIVISION DES FEMMES

Infolge des zu geringen Zeilenabstandes wirken die Wortabstände wie Löcher.

FRAUENABTEILUNG

DIVISION DES FEMMES

Mit reichlichem Zeilenabstand wirken die beiden Zeilen geordnet und schön.

GEMEINHIN wird angenommen, daß das Aneinanderreihen von Kleinbuchstaben oder Gemeinen sehr einfach sei. Man übersieht dabei, daß auch die Gemeinen einige lückenreißende Zeichen aufweisen (k, r, t, v, w, x, y, z) und daß auch sie das gar oft lochbildende o enthalten. Wir sind auch viel zu sehr an das niedrige Form-niveau der uns umgebenden Schriften gewöhnt, als daß wir uns leicht Rechenschaft über die Mängel ablegen könnten, die den üblichen Wortbildern aus Gemeinen, selbst in den Druckschriften, anhaften.

Wenn man sich die Mühe nimmt, einmal zu untersuchen, warum heutige Schrift-zeilen nicht so gut aussehen wie vollendete aus früherer Zeit, so stellt sich heraus, daß diese einen andern Rhythmus als heutige Schriften haben. Die Kleinbuchstaben ste-hen nicht so übertrieben dicht beieinander, wie das heute leider die Regel ist.

forma virgultum brachium
forma virgultum brachium

Die obere Zeile zeigt einige Wörter aus einer Schriftprobe von 1592, die Abdrucke von Schriften des Meisters Claude Garamond vorführt, in Originalgröße. Die untere Zeile zeigt eine moderne «Garamond». Beachte den vollkommenen Rhythmus der echten Garamond und die zu große Dichte der Buchstaben der heutigen Nachahmung, die nach r, v Lücken ergibt und der überhaupt das Gleichmaß der alten Form mangelt. Rhyth-mus und Gestalt der alten Formen sind unvergleichlich besser als die der neuen.

Die Regel, nach der sich die alten Schriftmeister gerichtet haben, verlangt, daß in einem Wort mit vielen Grundstrichen alle diese Grundstriche annähernd gleich weit voneinander entfernt sein müssen. Diese Regel wird heute nicht mehr beachtet. Die Kleinbuchstaben werden heute etwas zu dicht aneinandergereiht. Darum sehen viele Schriften, selbst bessere Druckschriften, so mangelhaft aus. Die alte Regel hat aber heute noch die gleiche Bedeutung wie einst. Erst wenn sie beachtet wird, können wir die lückenreißenden Buchstaben k, r, t, v, w, x, y, z und die lochbildenden b, d, o, p, q dem Wortbilde so einordnen, daß sie keine wahrnehmbaren Lücken und Lö-cher bilden.

mimi   **mimi**

Etwas zu eng.   Rhythmisch richtig.

unumwunden   unumwunden

Zu eng. Das w reißt Lücken.   Richtig. Rhythmisch vollkommen.

Bei den Großbuchstaben haben wir gelernt, daß diese, wenn es die Architektur fordert, gelegentlich auch weiter gesperrt werden dürfen als die Regel andeutet. Von den Kleinbuchstaben gilt das nicht. Wir sprechen auch bei den Kleinbuchstaben nicht von Sperren. Die Kleinbuchstaben sollen nur in ihrem normalen Zusammenhang auftreten und dürfen niemals weiter gesperrt werden. Dieses Verbot ist darin begründet, daß die Kleinbuchstaben, verglichen mit den Großen, einen unregelmäßigen

unumwunden   u n u m w u n d e n

Richtig.   Falsch.

Das Wort links zeigt den richtigen Rhythmus von Kleinbuchstaben. Das Wort rechts ist gesperrt und daher schwer erfaßbar. Sperrung von Gemeinen ist in einzeln erscheinenden Fassadenzeilen bedenklich, in mehrzeiligen Anordnungen unbrauchbar.

Umriß haben. Es gibt nicht nur Buchstaben in der Normalhöhe des n, sondern auch Oberlängen (b, d, f, h, k, l), es gibt Unterlängen (g, j, p, q, y), es gibt Buchstaben mit Punkten und Akzenten (i, j, ä, ö, é) und schließlich hat das t zwar keine Oberlänge, aber doch eine kurze obere Spitze. Diese Eigenschaften erteilen den Wortbildern aus Gemeinen jenen charakteristischen Umriß, der den Wortbildern aus Großbuchstaben mangelt. Diese bilden stets ein Viereck, das höchstens einmal durch den Schwanz des Q oder über der Zeile stehende Punkte oder Akzente leicht belebt wird. Es ist der charakteristische Umriß der Wortbilder aus Kleinbuchstaben, der sie so viel übersichtlicher macht als Versalienzeilen. Dennoch sind sie in der Hausarchitektur nur selten verwendbar. Hier kommt es nicht darauf an, daß man die Wörter in Windeseile erfassen kann, sondern auf die Harmonie mit der Hausfront, und diese fordert schon ihrer ganzen, dauernden Gestalt nach eine architektonische Schrift, die nicht an geschriebene Schrift erinnert wie die Kleinbuchstaben.

Denn die Kleinbuchstaben sind ursprünglich eine Federform und geschrieben. Da die Grundgestalt unserer Buchstabenformen längst festgelegt und unveränderlich geworden ist, werden Versuche, den geschriebenen Charakter ihrer Grundgestalt zugunsten einer statischen, «ungeschriebenen» Form zu verändern, niemals glücken. Sehen wir nur n und m an. Ein jeder empfindet hier, wie der Bogen zum zweiten

nhmurpq nhmurpq

Grundstrich des n, wie mit der Breitfeder geschrieben, ein wenig unter der oberen Schriftlinie angesetzt wird. Darum befriedigen auch die Formen n, h, m, u, r, p, q in der Endstrichlosen nicht ganz. In der Antiqua sind ihre Ansatz- und Endpunkte dünn wie in der Federschrift (220). In der Endstrichlosen müssen sie dick sein. Es entstehn Verdichtungen, die nur der Meister einigermaßen unsichtbar machen kann.

Die Kleinbuchstaben eignen sich nur für selbständige Schilder und überhaupt nur für längere Texte. Hier ist es willkommen, daß ihr Inhalt schnell erfaßt werden kann.

Wörter aus Kleinbuchstaben erfassen wir zum Teil ihrem Umrisse nach, während wir Großbuchstaben auch heute noch eher buchstabieren müssen.

Es ist aber nicht der Umriß allein, den wir lesen. Es läßt sich leicht beweisen, daß wir beim Lesen die obere Hälfte des Wortbildes ins Auge fassen. Diese ist viel wichtiger als die untere Hälfte. Das Beispiel zeigt, daß wir die untere Hälfte eines Wortes nicht mit Sicherheit entziffern können, wenn wir die obere Hälfte zudecken. Wir können aber ganz gut die obere Hälfte lesen, wenn wir die untere abschneiden. Dies gibt einen wichtigen Prüfstein für die Leserlichkeit von Antiqua- und Groteskschriften ab. Was wir lesen, sind die charakteristischen Merkmale der Buchstaben, nicht etwa das, was den Buchstaben eines Alphabetes gemeinsam ist. Darum muß eine gute Schrift die unterscheidenden Merkmale der Buchstaben klar zeigen.

quer auer galapagos

Gewiß muß eine schöne Schrift formal einheitlich sein. Sie muß zum Beispiel die gleiche Stärke der Grundstriche, gleiche Endstrichformen, verwandte Rundungen undsoweiter aufweisen. Wenn aber die Anzahl ihrer Formelemente übermäßig verringert wird, und das kann nur auf Kosten der Deutlichkeit von Buchstabenmerkmalen geschehen, so zieht die Gefahr einer verhältnismäßigen Unleserlichkeit herauf. Die in einigen Endstrichlosen und einigen Egyptiennen enthaltenen a und g in den Fassungen ɑ und g, deren Skelette der Antiquakursiv entlehnt sind, setzen die Leserlichkeit der Wortbilder herab. Sie gelten mit Unrecht als modern. Für sich betrachtet, erscheinen sie wohl «einfacher» als die Formen a und g, aber darauf kommt es nicht an. Die

quer auer galapagos

quer auer galapagos

erste Forderung an Schrift ist nicht Einfachheit, sondern Leserlichkeit. ɑ und g sind weniger deutlich. Die obere Hälfte von ɑ und g ist dieselbe, und dazu noch dieselbe wie die des q. Drei Buchstaben also mit gleicher oberer Hälfte. Keine zwei Buchstaben des Antiqua-Alphabets haben eine obere Hälfte von gleicher Form. Nur darum können wir Schrift lesen. Wenn auf einmal drei verschiedene wichtige Buchstaben die gleiche obere Hälfte aufweisen, so müssen die entstehenden Wortbilder undeutlicher werden als die normalen Wortbilder, in welchen die oberen Hälften dieser drei Buchstaben verschieden und deutlich gekennzeichnet sind. Daher ist der Gebrauch von ɑ und g, ob in Endstrichlosen, Antiqua- oder Egyptienneschriften, als ungute Neuerung zu verwerfen. Ich zeige dies an einigen Wörtern. Längere Texte aus Endstrichlosen sind ohnehin nicht besonders gut zu lesen, und die verhältnismäßige Undeutlichkeit der als «modern» geltenden ɑ und g macht sie noch etwas schwerer erfaßbar.

Endstrichlose und Egyptienne-Schriften mit dem erwähnten ɑ und ɡ wirken ornamentaler als gleiche Schriften mit den richtigen a und g, weil sie viel mehr kreisrunde Öffnungen haben als diese. Die häufige Wiederholung des Kreiselements macht die Zeile in höherem Maße zum Ornament, als das in andern Schriften möglich ist. Genau so wie in der Textur die vollständige Brechung fast aller Einzelteile ein höchst ornamentales Schriftband von geringer Lesbarkeit ergibt, wird auch in den Schriften mit den irrigen ɑ und ɡ größere Ornamentalität mit geringerer Lesbarkeit erkauft. Ich ziehe daher den Schriften mit den ɑ und ɡ die Gillsche Fassung der Endstrichlosen (204, 205) vor. Ihre Gestalt ist von der klassischen Form der Ältern Antiqua (126) abgeleitet. Das drückt sich auch in der bessern Formulierung der Buchstaben b,j,s,t,u und J,Q,R,S,G aus. Die Großbuchstaben lehnen sich an die römische Inschriftenform (49–53) an, und die Endungen von C,G,J,S sind wie dort von einheitlicher Gestalt.

Der Wortabstand in Kleinbuchstabenzeilen

Die Wortabstände in Kleinbuchstabenzeilen werden seltener zu klein als zu groß gehalten. Da die Kleinbuchstaben keine so großen Öffnungen zeigen wie die Großen, darf und muß der Wortabstand hier verhältnismäßig kleiner sein. In Zeilen aus normalbreiten Kleinbuchstaben soll der meßbare Abstand zwischen zwei Wörtern etwa

Falsch: **Alte und neue Kunst**

Richtig: **Alte und neue Kunst**

doppelt so breit sein wie ein Drittel der n-Höhe. Ein o am Anfang eines Wortes verlangt aber einen etwas geringeren Wortabstand als ein n, wie überhaupt der beschriebene Raumwert optisch zu verstehn ist.

In schmallaufenden Schriften darf der Wortabstand eher noch kleiner, und in sehr breitlaufenden Schriften muß er etwas größer sein.

Der Zeilenabstand von Kleinbuchstabenzeilen

Kleinbuchstaben haben vier Führungslinien. Die beiden innern heißen die n-Höhe. Die Linie, auf der das n steht, heißt die Schriftlinie. Die obere Führungslinie bestimmt die Endpunkte der Oberlängen (jedoch nicht unbedingt das obere Ende der Großbuchstaben), die untere Linie bezeichnet die Endpunkte der Unterlängen. In gut geformten Schriften sollen die Unterlängen optisch so lang sein wie die Oberlängen. Es ist übel, die Unterlängen (g,j,p,q,y) kürzer als die Oberlängen zu halten. Richtig geformte Unterlängen tragen zur Leserlichkeit genau so wie die Oberlängen bei. In zahlreichen modernen Schriften sind diese Unterlängen ganz unangemessen verkürzt. Sie wirken kümmerlich, ängstlich und undeutlich.

ursprünglich ursprünglich

Unterlängen von richtiger Länge.   Verkümmerte Unterlängen.

Der allergeringste Zeilenabstand wäre derjenige, bei welchem die Unterlängen der einen Zeile die Oberlängen der folgenden fast berühren. Die Gefahr, daß sie es wirklich einmal tun, ist gering. Aber es muß gesagt werden, daß ein so knapper Zeilenzwischenraum nur selten am Platze ist. Am wenigsten in deutschen Texten. In der deutschen Rechtschreibung kommen viel mehr Großbuchstaben als in den andern Sprachen vor. Die Großbuchstaben bewirken eine Anfüllung des Schriftteppichs und gefährden die Bandwirkung der Zeilen. Daher ist es angezeigt, Texte in deutscher Sprache mit verhältnismäßig kräftigen Zeilenzwischenräumen zu versehen, damit die Großbuchstaben optisch zurücktreten.

Folgt man der oben gegebenen Regel über den Wortabstand, so wird dieser deutlich kleiner als der Zeilenzwischenraum sein. Das ist auch nötig. Denn eine Schriftgruppe, in der die Wortabstände gleich groß oder gar größer erscheinen als der Zeilenzwischenraum, ist schwer leserlich und wirkt ungeordnet.

Orientation professionnelle Entreé principale

Richtiger Wort- und Zeilenabstand.

Orientation professionnelle Entreé principale

Wortabstand zu groß. Der Zusammenhang ist aufgelöst.

DIE WAHL DER RICHTIGEN SCHRIFT

Es kommt nicht darauf nur an, für eine bestimmte Aufgabe eine schöne Schrift zu wählen. Sie muß auch dem Zweck und der Umgebung der Schrift angemessen sein. Vor allem ist zwischen Schriften für die Dauer und solchen für kurze Dienstfristen zu unterscheiden. Viel zu oft müssen wir heute Schriftformen, die ihrer flüchtigen, kursiven Art nach sich nur für kurzlebige und billige Schilder eignen, in der Architektur verwendet sehen: zahlreiche Ladenüberschriften, oft in Metall und als Leuchtschrift ausgeführt, gehören der Gruppe der frechen Pinselschriften an, die diesen Zwecken fremd sind. Sie sind nicht nur überhaupt schwer lesbar, sondern in der Regel keineswegs von der spontanen, frischen Form, die nur ein wahrer Meister ihnen nach langer Übung erteilen kann, sondern lahm, verdrückt, verquollen, schlecht. Was einer möchte und nicht kann, wird Kitsch. Und dieser Kitsch verschandelt unsere

Städte heute fast auf Schritt und Tritt. Es gibt nur wenige Ausnahmen von der Regel, daß solche breiige Pinselschriften über und an Läden samt und sonders verfehlt und mißlungen sind. Ladenüberschriften sind Architektur, da sie einen ihrer Bestandteile bilden. Sie sind zu langer Dauer bestimmt, oft für Jahrzehnte, und sollen immer richtig, edel und schön wirken. Wer sein Geld für eine Ladenaufschrift in solch lahmer Pseudo-Pinselschrift, in teuren Metallbuchstaben ausgeführt, ausgibt, hat es unnütz verschwendet. Denn nach einigen Jahren muß er die Schrift durch eine andere ersetzen, weil sie inzwischen veraltet und für jedermanns Augen häßlich geworden ist.

Diese Schriften sind entweder nach «Entwürfen» der Besteller gemacht oder von Nichtskönnern ausgedacht worden, die sich einen andern Beruf suchen sollten. So einfach ist die Aufgabe nicht. Schrift kann durchaus nicht jeder, ja es gibt hier, wie in der Malerei, nur ganz wenige Meister.

Wer Schrift auf Häusern, und Läden sind ein Teil der Häuser, anwenden will, muß sich darüber klar sein, daß seine Schrift künftig einen Teil der Gesamterscheinung dieser Häuser und einen durchaus nicht unwichtigen Teil der Erscheinung der ganzen Stadt bilden wird. Alle Schrift auf Häusern soll sich deren Architektur gut und überzeugend einfügen. Das Ideal sind Zeilen, die zum schwer entbehrlichen Schmuck der Häuser und Läden geworden sind, deren Verlust bedauert würde.

Der Meister der Schriftanwendung wird also zuvörderst sich das Haus genau ansehen und sich einen Gesamtaufriß davon zu verschaffen suchen oder selbst herstellen. Es genügt ganz und gar nicht, nur den Frontaufriß des Ladens ins Auge zu fassen. Denn von der andern Seite der Straße und noch von weiter her sieht man das ganze Haus, nicht nur den Laden. Das gilt selbst dann, wenn der Laden für sich ganz modern gebaut und der darüber befindliche oft viel ältere Hausteil stark profiliert und in früherer Art verziert ist. Ein Meister muß daher mit der Geschichte der Architektur mindestens der letzten fünfhundert Jahre gründlich vertraut sein. Denn nur wenn er imstande ist zu sagen, wann ein Haus ungefähr gebaut worden ist, kann er die geeignete Schrift finden.

Auf ganz modernen Häusern wirken selbst gute altertümelnde Schriften sonderbar, und auf Häusern, die älter sind als fünfzig Jahre, sind Schriften wie die Gill Sans (204, 205) oder gar die Futura gänzlich unpassend. Beide eignen sich fast nur für moderne Bauten reinsten Stils (wie er von Le Corbusier angebahnt worden ist), womit ich aber ja nicht sagen will, daß die genannten Schriften etwa die einzigen seien, die für solche Bauten passen. Die nüchterne Glätte und sachliche Strenge der modernen Bauweise verlangt sogar eher nach einer feinen, belebteren, reicheren Form der Schrift. Eine solche ist aber gerade nicht eine verquälte, dickflüssige Pinselschrift-Nachahmung, sondern vielmehr etwa entweder eine Didot (176) oder Bodoni (172), oder auch die Schrift der Trajanssäule (50–53). Auf dem nüchternen, kahlen Hintergrund erstrahlt die Schönheit solch edler Formen in vollem Glanze, während eine Endstrichlose, vor allem eine kräftige, gar leicht plump und meist reizlos wirkt. Es kommt dabei natürlich auch sehr auf die richtigen, das heißt nicht zu kleinen Abstände zwischen den Buchstaben an (siehe Seite 31).

Ein Haus aus dem Anfang des neunzehnten Jahrhunderts wird am besten mit Schriften aus dieser Zeit versehen. Das wären vor allem Bodoni (172), Didot (176), Walbaum-Antiqua (180), und, sehr selten, ihre Kursiven, ferner gelegentlich die Walbaum-Fraktur (179). Häuser aus der Zeit um 1840 können mit Gras Vibert (182) oder anderen Schriften aus der Zeit zwischen 1820 und 1860 beschriftet werden. Eine Endstrichlose moderner Prägung wie die Gill Sans (204, 205) ginge hier nicht. Die Steinschrift, eine typische und nicht unschöne Schrift der zweiten Hälfte des neunzehnten Jahrhunderts (194), eignet sich vorzüglich für die meisten Häuser aus der Zeit zwischen 1840 und 1900.

Das Größenverhältnis der Hausaufschrift oder der Ladenüberschrift zu den sie umgebenden Teilen und den sonstigen hervorragenden Linien der Architektur ist fast immer unüberlegt und häßlich. Die Buchstaben sind meistens bei weitem zu groß! Überdies stehen sie in der Regel viel zu dicht beieinander. Das führt nicht nur zu geringerer Lesbarkeit. Aufschriften dieser Art verschandeln unsere Straßen und beleidigen täglich unser Auge. Daß die meisten Geschäftsstraßen so häßlich sind, ist auf die durchaus unnötigerweise viel zu großen Buchstaben zurückzuführen, von ihren häßlichen und kenntnislos hergestellten Formen zu schweigen. Bedenkenlose Architekten sind gewiß mitschuldig; aber eine gepflegte, nicht plump und frech wirkende Beschriftung kann sogar eine verfehlte Ladenfront noch retten und gar mit Anmut erfüllen.

Es ist nicht nur die oft übertriebene absolute Größe und groteske Dicke der Buchstaben, die unsere Straßen so verunstaltet, sondern vor allem die unnötige Häufigkeit der für die Haus- und Ladenaufschriften verwendeten Endstrichlosen. Diese Schriftart paßt nur selten zur Architektur. Fast jede Antiquaform geht besser mit einer Hausfront zusammen als eine Endstrichlose. Es ist hohe Zeit, der Ausbreitung der Endstrichlosen in der Architektur und auch sonst Einhalt zu gebieten.

Die Schrift soll sich der Architektur unterordnen und überzeugend einfügen. Sie darf diese nicht überschreien wollen. Hier hat ein seiner Verantwortung bewußter Schriftmeister oder der Architekt gewiß oft einen harten Strauß mit dem Auftraggeber auszufechten. Das beste Argument gegenüber primitiven und unvernünftigen Wünschen ist der Hinweis darauf, daß eine vollendet angeordnete, zurückhaltende Schrift moderner ist als eine plumpe und zu große, und daß die Schrift nur auf 8 bis 20 m Entfernung lesbar sein muß. Auch sind richtig gesperrte Großbuchstaben unvergleichlich besser leserlich als zu dichte Wortbilder, die immer undeutlich sind.

Es ist die ganz übermäßige absolute Größe der meisten Buchstaben in Laden- und Hausaufschriften, die das Bild unserer Städte so schmerzlich verunstaltet. Vor lauter übergroßen Buchstaben vermag man oft kaum die gemeinten Wörter zu erfassen. Die Laden- und Hausaufschriften sind notwendig, aber sie brauchen nicht die unerträglichen Übel zu sein, die sie gegenwärtig sind. Wo Einordnung in die Gemeinschaft und Sinn für Maß übliche Bürgertugenden sind, genügt meist der Appell an die bessere Einsicht. Wo diese Tugenden weniger entwickelt sind, sollten städtische Stellen zur Überwachung der öffentlich sichtbaren Aufschriften eingerichtet werden mit der

Aufgabe, für wirklich geschmackvolle Beschriftung Sorge zu tragen und selbst geringe Auswüchse zu verhindern. Vorschriften über die Höchstlänge von Nasenschildern genügen bei weitem nicht. In solchen Ämtern hätten unabhängige Schriftmeister hohen Ranges oder Architekten mit wirklich ausgedehnter Schriftkenntnis zu walten. Das äußere Bild ganzer Städte, besonders das jener Städte, die neu aufgebaut werden müssen, würde sich in wenigen Jahren spürbar wandeln.

DIE ANORDNUNG VON
SCHRIFTGRUPPEN UND SCHILDERN

DIE schönsten Buchstaben nützen wenig, wenn sie nicht übersichtlich und schön zu Gruppen vereinigt werden können. Die Abbildung auf dieser Seite ist die leicht verkleinerte Wiedergabe eines Kupferstichs aus dem Jahre 1640. Die Anordnung der fünf Zeilen ist ebenso vortrefflich wie die Gestalt aller einzelnen Buchstaben und deren ebenmäßige, schöne Sperrung. Wir haben es mit zwei Schriftgrößen zu tun, die sich deutlich aber nicht kraß in ihrer Größe unterscheiden. Daß der Schreibmeister Francisco Pisano nur zwei Schriftgrößen für seinen Text gewählt hat, ist vorbildlich.

FRANCISCVS PISANVS
SCRIPTOR GENVENSIS
SIBI SVISQVE HAEREDIBVS
VIVENS POSVIT
ANNO DOMINI MDCXXXX

Viel zu oft werden allzu viele Schriftgrößen in einer und derselben Schriftlösung gebraucht. Es ist eins der wichtigsten Geheimnisse guter Schriftanordnung, so wenig Schriftgrößen und -arten wie nur möglich in der gleichen Arbeit zu benutzen. Wer diese Regel achtet, kann mit großer Sicherheit darauf rechnen, daß seine Arbeit gut wird. Nebenbei bringt die Beachtung dieser Regel auch praktische Vorteile. Denn es ist einfacher, nur mit zwei oder drei Größen als mit fünf oder sechs zu arbeiten.

Das abgebildete alte Beispiel zeigt ferner ein edles Verhältnis von Buchstabengröße und Zeilenabstand in der untern Gruppe. Der Zeilenabstand zwischen der ersten und

zweiten Zeile ist mit Recht um eine Spur breiter. Die Schriftanordnung ist vorbildlich, weil sie den gegebenen Raum unaufdringlich und überzeugend füllt.

Nicht immer genügen für eine Schriftanordnung zwei Schriftgrößen. Drei aber
sollten stets die Regel bilden. Mit drei Größen lassen sich alle denkbaren Aufgaben
gut und sogar besser lösen als mit vier oder gar mehr Schriftgrößen. Es ist äußerst
selten, daß eine vierte Schriftgröße zur Notwendigkeit wird. Wir erfassen ja Inhalt
und Bedeutung nicht nur dank den in Erscheinung tretenden Schriftgrößen, sondern
auch dank ihrer Anordnung. Und wir können bei der Anordnung durch geeignete
Zwischenräume die logischen Zusammenhänge des Inhalts sichtbar machen.

Wir können die beiden Schriftgrößen des alten Kupferstiches auch als zwei Elemente bezeichnen. Würden wir an Stelle der kleineren Schriftgröße Kleinbuchstaben
in der Größe der ersten Zeile verwenden, so hätten wir es zwar mit *einer* Größe zu
tun, aber in zwei Erscheinungsformen. Wir müssen auch diese als zwei Schriftelemente
ansehen. Während die Harmonie des alten Kupferstiches auf der ähnlichen *Gestalt* aller
Buchstaben beruht, ist sie im nächsten Beispiel eine Folge der gleichen Schrift*größe,*
die einmal in lauter Großbuchstaben und darunter in lauter Kleinbuchstaben auftritt.
Auch dieses Schriftenpaar ist als Musterbeispiel einer einwandfreien, einfachen Schriftlösung anzusehen. Es wirkt, wie man sieht, nicht so feierlich wie das alte Beispiel, doch
ist Feierlichkeit nicht immer am Platze. Profanere Aufgaben verlangen auch etwas
profanere Schriftanordnungen.

FRANCISCUS PISANUS
scriptor genuensis sibi suisque
haeredibus vivens posuit
anno domini mdcxxxx

Wir haben gelernt, daß wir besser nicht die Schriftgrößen zählen, sondern lieber
von Elementen sprechen. Dieser besondere Ausdruck erweist sich als notwendig, da
wir die lateinischen Schriftarten in zwei der Wirkung nach recht verschiedenen Arten
benutzen können: als reine Großbuchstaben- und als Kleinbuchstabenschrift. Versalien der gebrochenen Schriften lassen sich nicht für sich verwenden. Wird dort ein
Unterschied verlangt, so muß dieser durch die Wahl einer anderen Schriftgröße be-
wirkt werden. Daß wir mit einer einzigen Schriftgröße in der Antiqua Wirkungen wie
die des letzten Beispiels erzielen können, bildet einen besonderen Vorzug dieser Schrift.

Wenn wir auf einer Anordnung mit einer kleinen Größe beginnen, dieser eine große folgen lassen und unter ihr die «gleiche» Schriftgröße wieder benutzen wollen, so stellt sich heraus, daß wir doch eine dritte Größe benutzen müssen, wenn die gewünschte Wirkung eintreten soll. In dem auf Seite 43 abgebildeten Türschild «Rentsch» sieht die unterste Zeile nur so aus, als wäre sie so groß wie die oberste. Sie ist aber kleiner. Nicht sehr viel. Wir haben es also mit bereits drei Elementen zu tun, die aber wie zwei Elemente wirken. Übrigens wäre es häßlich, die oberste Zeile auf die volle Länge der weißen Linie zu sperren, und wenn wir die Schriftgröße oben vergrößern würden, um die volle Linienlänge zu erreichen, so würde die angestrebte Wirkung nicht eintreten. Es handelt sich um Nuancen.

Es ist überhaupt abwegig, zugunsten einer Viereckwirkung andere Zeilenpaare als solche mit genau gleich viel Buchstaben verschiedenartig zu sperren. Wir müssen der Regel folgen, daß Zeilen aus gleich großen Buchstaben in derselben Anordnung unter allen Umständen in der gleichen Art gesperrt werden müssen.

FOURRURES

COUTURE

Falsch.
Die Sperrung von Buchstaben derselben Größe
in derselben Anordnung muß gleichartig sein.

FOURRURES

COUTURE

Richtig.
Gleichmäßige Sperrung beider Zeilen.
Wie heißt die Schrift?

Das folgende Beispiel zeigt eine kleine Gruppe in guter und schlechter Anordnung. Nur eine Größe ist in beiden Fällen verwendet. In der Anordnung links kleben die Buchstaben selber und die Zeilen zu dicht aneinander und bilden ein unschönes Gewirr, das schwer leserlich ist. Niemals darf man Großbuchstaben, wie wir dies schon früher gelernt haben, so ungeschickt verwenden. Sie müssen immer gesperrt werden. Das Beispiel rechts ist nicht nur viel besser leserlich, sondern auch schöner. Der Zeilenabstand, der links durchaus zu knapp ist, ist nun gleich der Buchstabenhöhe.

GESCHLOSSEN
VON 12 BIS 2 UHR

Ein Buchstabengewirr. Zu dichte Buchstaben
und zu dichte Zeilen. Undeutlich.

GESCHLOSSEN
VON 12 BIS 2 UHR

Klar, deutlich und schön, dank
kräftiger Sperrung und klarer Zeilendistanz.

Man sollte sein erstes Augenmerk nicht darauf richten, die größte nur mögliche Schriftgröße auf einer gegebenen Fläche unterzubringen. Schrift wird nicht, wie die meisten Leute meinen, mit zunehmender absoluter Größe leserlicher. Die Wahl der äußersten Größe hat gewöhnlich viel zu geringe Buchstabenabstände zur Folge. Unsere Straßenfronten sind erfüllt von zahlreichen schlechten Beispielen dieser Art. Eine gut gesperrte Schrift ist nicht nur erfreulicher, sondern auch viel leserlicher, und geht gut mit der Architektur zusammen, während die schlechten, zu dichten und zu großen Beschriftungen sich durchaus ungebührlich und frech ausnehmen. Sie verschandeln unsere Städte.

BÄCKEREI	BÄCKEREI
Häßlich. Zu große und zu dicht stehende Buchstaben auf kleinem Raum.	Kleinere, aber dafür gut gesperrte, elegante Buchstaben erfreuen das Auge und sind leserlicher.

Schöne Schildproportionen

Nicht immer ist die Fläche, auf der sich eine Zeile oder eine Schriftanordnung befindet, durch gegebene Umstände festgelegt. Es steht dann beim Entwerfer, Größe und Seitenverhältnis des Schildes selber zu bestimmen. Das Seitenverhältnis oder die Proportion ist für das gute Aussehen eines Schildes bedeutend wichtiger, als man gemeinhin annimmt. Nur auf einer guten Proportion des Hintergrundes kann eine schöne Schrift ihre volle Wirkung entfalten. So sind quadratische Schilder durchaus

häßlich. Ein Schild muß entweder lang oder hoch sein. Es ist gut, daran zu erinnern, daß genaue geometrische Verhältnisse, wie 1:2, 3:5, 1:3 oder auch die Proportion des Goldenen Schnittes (etwa 21:34) besser und schöner sind, als unklare Proportionen, die nur in der Nähe dieser genauen Verhältnisse liegen. Die Abbildung auf Seite 43 oben zeigt ein Schild in der genauen Proportion 21:34 (Goldener Schnitt).

Daß ältere Bauten, selbst solche aus der Spätzeit des neunzehnten Jahrhunderts, schöner wirken als manche neuen Bauten, liegt daran, daß ihre Fensterausschnitte und ihr ganzes Liniensystem von guten Proportionen der angegebenen Art erfüllt sind. Später hat man die wohlbegründeten Proportionslehren, die die Zeiten der Gotik und der Renaissance aufgestellt und befolgt haben, leichtfertig über Bord geworfen und geglaubt, daß man sich allein auf das Gefühl verlassen dürfe. Wir werden aber nicht mit einem richtigen Proportionsgefühl geboren, sondern müssen dieses erst allmählich ausbilden wie den Guten Geschmack. Proportionen allein ergeben gewiß noch keine Kunst, sie sind aber gute Prüfsteine bei aller graphischen Tätigkeit, zu der auch die Schriftanwendungen gehören.

EINZELHEITEN

Über Herkunft und Form des ß

DIE Ligatur *ß* ist ein Zeichen, das nur in der Rechtschreibung der deutschen Sprache gebraucht wird. Sie ist zwar auch in alten französischen und englischen Kursivschriften vorhanden, wird aber darin, seit das lange ſ abgeschafft wurde, das heißt seit der Mitte des achtzehnten Jahrhunderts, nicht mehr verwendet.

In der deutschen Rechtschreibung ist das ß durchaus unentbehrlich, und gegen seine Beseitigung, die in der neuen Schweizer Schulschrift leider durchgeführt ist, sollte sich jeder wehren. In der Kursiv ist die Form *ß* oft noch deutlich als Zusammenziehung eines langen *ſ* und des Schluß-*s* erkennbar. Wie kommt es, daß die alten Antiquaschriften vor der Mitte des neunzehnten Jahrhunderts kein ß enthalten? Es war bis gegen 1800 gar nicht, später nur selten üblich, Deutsch in Antiqua zu setzen. In der Fraktur gab es das ß schon längst. In den seltenen Fällen, in welchen Antiqua für deutsche Texte verwendet wurde, behalf man sich, solange man noch mit langen ſ setzte, mit ſs, später mit ss. Seit der Mitte des vorigen Jahrhunderts aber machte sich, mit zunehmender Verwendung der Antiqua auch für deutsche Texte, das Bedürfnis nach einer dem ß entsprechenden Antiquaform bemerkbar, und in falsch verstandener Analogie schnitt man Formen wie die folgenden heute allgemein verbreiteten Mißbildungen, die nur eine zufällige Auswahl bilden:

ẞ ẞ ẞ ẞ ẞ ẞ ẞ ß ß ß ß ẞ ẞ ẞ ẞ ẞ ẞ

Man ist dabei von der Meinung ausgegangen, das ß (gesprochen eßzett) sei eine Verbindung von ſ und z. Es hat aber nur den Anschein, und nur dieser falsche Anschein konnte zur falschen Bezeichnung «Eß-Zett» führen. Der richtige Ausdruck lautet «scharfes s».

Auch das ß der Schwabacher und der Fraktur ist nämlich wie das richtige *ß* alter Kursivschriften eine Ligatur, eine Buchstabenverbindung, nicht von ſ und z, sondern

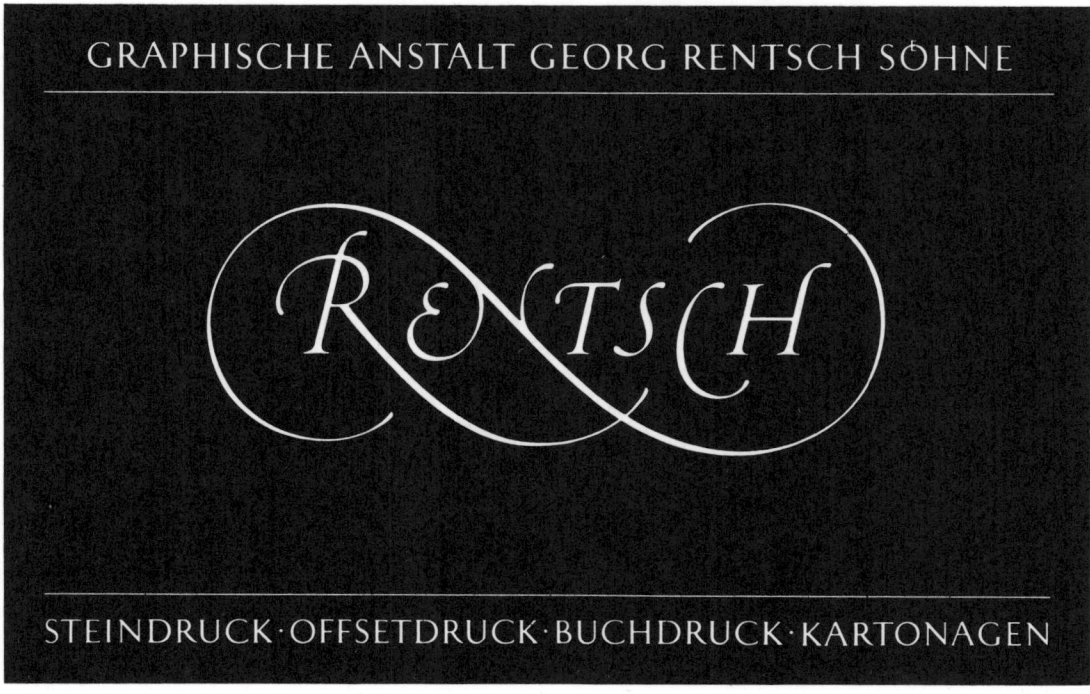

Firmensignet und Türschild einer Druckerei nach Zeichnung des Verfassers.
Goldene Buchstaben auf schwarzem Grund, in Antikorodal.
Wirkliche Größe 50,2 mal 31,2 cm.

Signetzeichnung «Morf» des Verfassers für eine lithographische Anstalt mit Offsetabteilung.
Die Handlithographie wird durch die elegante Anglaise, der Offsetdruck durch die abstrakte Darstellung
von drei Druckzylindern angedeutet, die das Charakteristikum des Offsetdruckes bilden.

von ſ und ẞ. Wenn man sie sich ineinandergeschoben vorstellt, so bleibt vom ẞ nur noch die rechte, ʒ-ähnliche Hälfte übrig. Daß das gar kein ʒ ist, hat man im Laufe der Jahrhunderte vergessen, und nur darum konnte sich die falsche Bezeichnung «Eß-Zett» einbürgern, die in der deutschen Rechtschreibung zu der mit Recht kaum verwirklichten Regel geführt hat, es sei imVersaliensatz für ß SZ zu setzen (DER GROSZE DUDEN, RUSZLAND!).

Ich weiß nicht, ob die seltene Ausnahme, das wirklich richtige ß der Bodoni der Bauerschen Gießerei (Form 11) auf Bodoni zurückgeht oder nicht. Auf jeden Fall ist sie die einzig richtige Grundform in einer besonders wohlgelungenen klassizistischen

ß ß

ß der Ältern Antiqua und der Endstrichlosen in richtiger Form.
Das Schluß-s muß klar erkennbar sein. Zeichnungen des Verfassers.

Ausprägung. In einer Antiqua ältern Stils müßte sie natürlich ein wenig anders aussehen (Form 12). Immer muß man daran denken, daß jeder Buchstabe von der geschriebenen Federform herkommt, die wir uns für das ß wie die Form 9 oder 10 vorstellen müssen, die die Zusammenziehung von ſ und s durch den herabgeführten Bogen des ſ deutlich zeigen. Man könnte auch ſ und s unverbunden zusammengießen (Form 13), wie das ch in manchen Schriften. Der Einwand, es werde damit wieder das lange ſ eingeführt, ist nicht gültig, da auch ß das lange ſ enthält.

In diesem Zusammenhang sei noch über die Frage des langen ſ im heutigen Antiquasatz ausgesprochen, daß dessen gelegentliche Verwendung in besonderen Drukken niemals falsch sein kann, daß aber dieWerbung für einen uneingeschränkten Gebrauch dieser nun einmal veralteten Schreibweise unüberwindliche technische Schwie-

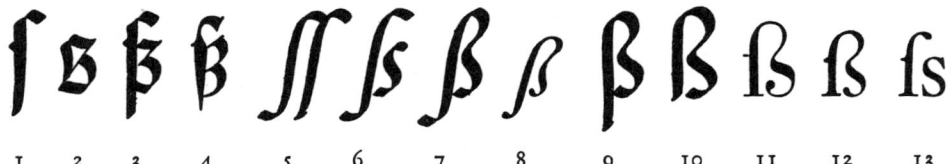

1   2   3   4   5   6   7   8   9   10   11   12   13

1, 2 Die zwei s-Formen der Fraktur	8 Richtige ß-Form aus der Janson-Kursiv
3 Dieselben, vereinigt, ergeben das ß	9, 10 Geschriebene, stehende Ligaturen
4 ß der Lutherschen Fraktur	11 Richtige Ligatur, aus der Bauerschen Bodoni
5 Ligatur aus einer geschriebenen Kursiv	12 Eine richtige Ligatur im Charakter der Ältern Antiqua
6 Unverbundenes Doppel-s, geschrieben	
7 Geschriebenes Doppel-s, aus Figur 6 entwickelt	13 Zusammengegossener Doppelbuchstabe aus der Janson-Antiqua

rigkeiten außer acht läßt. Nur die wenigsten Schriften enthalten das ſ und seine Ligaturen, und auch sie nur auf besonderen Wunsch. Schon deshalb sind einheitlich gesetzte größere Drucksachen nicht denkbar. In der Bodoni, wie in allen anderen klassizistischen Schriften, wirkt das ſ fremd, in der fetten Bodoni sogar ausgesprochen komisch, ja unlesbar. Dagegen können Drucke in Älterer Antiqua mit langem ſ sehr schön aussehen. Sie sind jedoch eher Ausnahmen.

Das lange ſ der gebrochenen Schriften

Früher enthielt das Alphabet der Kleinbuchstaben, auch in den Antiquaschriften, zwei s-Formen, das lange ſ und das Schluß-s. In der Antiqua wird das lange ſ heute nicht mehr verwendet. Die Ausnahmen bestätigen nur die Regel. Die gebrochenen Schriften führen aber beide Zeichen weiter. Es ist nicht zulässig, in den gebrochenen

<table>
<tr><td>Jahrtauſend</td><td>Jahrtausend</td></tr>
<tr><td>Faſſaden</td><td>Faßaden</td></tr>
<tr><td>Pfiſter</td><td>Pfister</td></tr>
<tr><td>Ausſtellung</td><td>Ausstellung</td></tr>
<tr><td>Eßwaren</td><td>Esswaren</td></tr>
<tr><td>Eßlingen</td><td>Eßlingen</td></tr>
<tr><td>Richtig.</td><td>Falsch.</td></tr>
</table>

Schriften das Schluß-s dort zu setzen, wo nach der Rechtschreibung ein langes ſ beziehungsweise eine der Ligaturen ſi ſſ ß ſt stehen muß. Diese Barbarei breitet sich zusehends aus, und ihr muß begegnet werden. Jeder gute Schriftenmaler und jeder Graphiker sollte strengstens darauf achten, daß er keinen Verstoß gegen diese unumstößliche Regel begeht. Der Hinweis, daß in Frankreich, England und Amerika in den gelegentlich vorkommenden Wörtern in Textur das eigentlich nötige lange ſ durch das Schluß-s ersetzt ist, ist nicht stichhaltig. Diese Länder sind der gebrochenen Schrift entwöhnt und können sie schon nicht mehr leicht lesen.

Vom &-Zeichen

Das auch in den meisten Tafeln dieses Buches aufgeführte Zeichen & tritt in der deutschen Rechtschreibung nur anstelle des Wortes «und» in Firmennamen auf. Es ist eine alte Buchstabenverbindung oder Ligatur. In ihr stecken, meistens nur schwer erkennbar, die beiden Buchstaben e und t. Ältere Formen dieses Zeichens finden wir auf Seite 57, 80, 81, 127, 129, 132 und 135. Zumal die sehr schönen Formen des großen Schreibmeisters Lucas Materot zeigen da und dort noch deutlich die beiden Buchstaben. Das Wort «et» ist lateinisch und bedeutet «und». Das Zeichen darf, außer

in Firmenbezeichnungen, die aus Personennamen zusammengesetzt sind, nicht an die Stelle des ausgeschriebenen Wortes «und» treten. In «Papier- und Kartonfabrik» darf das Wort «und» nicht in der Form des &-Zeichens dargestellt werden, selbst wenn der Ausdruck der Name einer Firma und nicht nur eine Erläuterung ist. Man darf nämlich das &-Zeichen nur zwischen Personennamen, wie in «Furrer & Wirz», verwenden. In neuester Zeit sieht man leider oft das Plus-Zeichen + an Stelle des & verwendet. Das ist falsch. Die Schulkinder sprechen das Zeichen + zwar «und» aus, doch bedeutet es «plus», das heißt «dazu». Niemand sagt «Furrer plus Wirz». Herr Wirz wird nicht Herrn Furrer zugezählt, sondern beide stehen im gleichen Rang und bilden die Gemeinschaft «Furrer & Wirz».

Das Plus-Zeichen wird von Graphikern und Malern gebraucht, die vielleicht mit dem &-Zeichen nicht zurechtkommen. Es handelt sich um eine unstatthafte Versimpelung. Auch in Signeten darf man nicht das Plus-Zeichen an Stelle des & verwenden. Wer das &-Zeichen nicht malen oder zeichnen will, darf keine Schrift anfangen.

Über die Umlaute und den Unterschied zwischen I und J

Die deutschen Umlaute ä, ö, ü nehmen als Großbuchstaben ihre beiden Punkte mit und dürfen unter gar keinen Umständen durch Ae, Oe, Ue dargestellt werden. Ein Graphiker oder ein Schriftenmaler, der auf sich hält, muß peinlich darauf achten, daß ihm dieser Fehler nicht unterläuft. Es scheint Leute zu geben, die das Wortbild «Öl» zu kurz finden und darum «Oel» schreiben. Genau genommen müßten wir diesen Unsinn «O-eel» aussprechen.

Öl Äschentor   Oel Aeschentor
Richtig.   Falsch.

I ist nicht dasselbe wie J. Beide Zeichen werden verschieden ausgesprochen. Seitdem die Endstrichlosen eine so große Rolle spielen, scheint man da und dort das I für ungenügend zu halten und setzt dafür nicht selten das verkehrte J, also einen verkehrten Laut. Wenn dem I ein oder zwei l folgen, so entstehen in der Endstrichlosen drei nackte senkrechte Striche. In einer guten Schrift sind diese aber nicht von gleicher Größe und Stärke. Zumindest ist das I um eine Spur dicker. Das muß genügen.

Illustrierte Iller   Jllustrierte Jller

Illustrierte   Jllustrierte

Richtig.   Falsch.

In der Antiqua, einer ausgeprägten Schrift, sehen I und l verschieden genug aus. Man kann sie nicht verwechseln. Die Ähnlichkeit von I und l in der Endstrichlosen und ihre Unverwechselbarkeit in allen Antiquaschriften sind ein weiterer Beweis für die Vorzüge der Antiqua vor der Endstrichlosen.

In der Anglaise oder englischen Schreibschrift (200) sind I und J verschieden gestaltet. Auch hier darf weder das J an Stelle des I, noch das I an Stelle des J verwendet werden.

In den älteren Fraktur- und Texturschriften sind I und J *nicht* unterschieden. Das I sieht sozusagen wie ein J aus. Überempfindliche Leute haben das zu verbessern versucht, und neuere gebrochene Schriften zeigen nicht nur ein ℑ, sondern auch ein sonderbares ℑ, das auf der Schriftlinie seiltanzt. Der charakteristische untere Bogen vom ℑ der Fraktur kann sich aber nur wie der des ℱ unterhalb der Schriftlinie bewegen. Das von Schriftunkundigen ausgeheckte neue ℑ der Fraktur ist eine Mißgeburt, die wieder verschwinden muß.

Jmme   Jmme

Echt.   Unfug.

MEMORIAE
RVFFINATONEGRECO
MYLASYCHORMIE
QVIVIXITANNOS
XVI·DIONYSIVS
ASCLEPIADES·NATI
ONE·ALEXANDRI
NVS·PARENS·IT
ATHENEVS·BENEM
RENTI   DESV

A B C

D E F

G H I J

K L M

NOP
QRS
TUW
XYZ

VISSINECPOTVERE
VOMISELINFLEXIPRIMV
TARDAQELEVSINEMATR
TRIBVLNEQTRAHAEQETI
VIRGEAPRAETEREACONEL

PICIENSSUMMAFLAVVMÇA
OCVLOGEMITVNONFRVSTRA
NESORORIPSETIBITVAMAX
ISARISTAEVSPENEIGENITOR
pp traio penn
ACRIMANSETTECRVDELEMM

SVNTETSPIRITIBVSSAEPENOCENTIBVS
POENARVMCELEBRESSVBSTYGE ERI
ILLANOCTESACERQVAREDIITDEVS
STAGNISADSVPEROSEXACKERVITI
NONSICVTTENEBRASDEFACEFVLGIDA
SVRGENSOCEANOLVCIFERINBVII

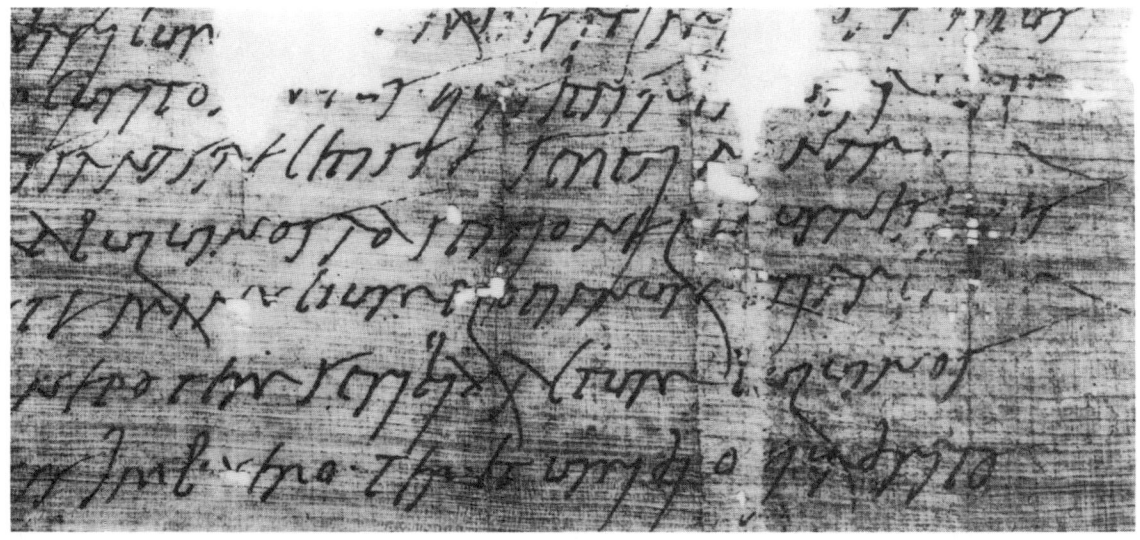

MINISUENIENTE
INNUBIBUSCAE
LICUMUIRTUTE
MULTAETMIALES
TATEETMILITAN
CELOSSUOSCUM
TUBAETUOCEMAS
NAETCONCRECA

BULAMCUMIAM
RAMUSILLIUSFUE
RITTENEREETFOLIA
NATAFUERINTCOC
NOSCITISPROPE
ESSEAESTATEM
SICETUOSCUMUI
DERITISHAECCOM

TRANSIERUNTIORDANE   INTC
ETABIERUNTTOTAMPRAE   ETD
TENTURAM ETUENERUNT   CEB
INCASTRAMADIAM ET   ETII
IOABREUERSUSESTDE   TISU
POSTABENNER ETCON   ehe
GRAECARUNTTOTUM   mic
POPULUM ETUISISUN   mo

vOMNIA ERGO QUAECU
TIS UT FACIANT UOBIS
ET UOS FACITE EIS HA
LV   LEX ET PROPHET
vINTRATE PER ANGUSTAM

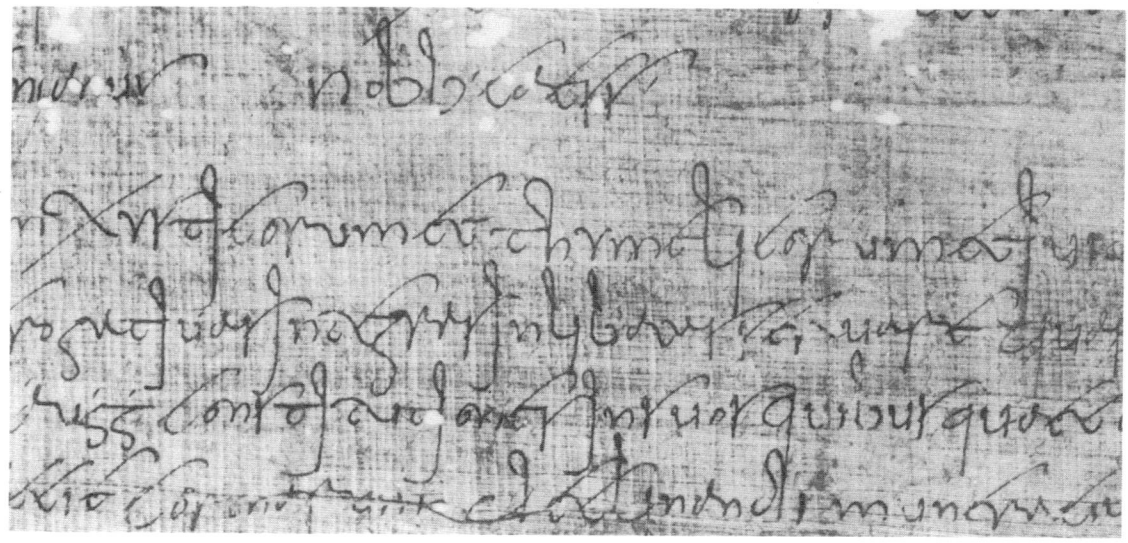

ex hebraeo interpretantur probent nobis hoc se
quod interpretantur et septuaginta interpre
quactantae tradiui tur sac comina calocomme
tau ecclesii suetustae sir metur ;
      De luctu quod fecit ioseph patri suo sep tem e
XCII   ex eodem libro quaestionum de genesi
E c fecit luctum patri suo septem dies . nescio utram
alicuiscorum in scribtanisccelebratam esse luca
quod apud latinos nouendial appellant ; unde mi
ab hac consuetudine prohibendi si quaxpian ona
tauis suis numerum seruant qui magis esse in gent

snan aliquam & pullum tune a

soluite & adducite mihi · Et si

quis uobis aliquid dixerit dicite

quoniis his opus habet & confestim

ꝺimittet eos ꞉·

Ꝋautem factum est totum

pleatur quod dictum est

per aeam profetac dicentem dia

ac dicite filiae sion ecce rex tuus uenit

tibi mansuetus & sedens super

Inquit agnas accipies de manu mea. ut sint in testimonium mihi qm ego fodi puteum istum. Idcirco
uocatus e locus ille bersabee. quia ibi uterque
iurauit. & inierunt foedus pro puteo iuramenti

Surrexit autem abimelech & ficol princeps militiae
eius. reuersique sunt in terram palestinorum.

Abraham uero plantauit nemus inbersabee. & in-
uocauit ibi nomen dni di aeterni. & fuit terrae
colonus philistinorum diebus multis.

Quae postquam gesta sunt. temptauit ds abraham.
& dixit adeu. Abraham. ille respondit Adsum.

Ait illi. Tolle filium tuum unigenitu quem dili-
gis isaac. & uade in terra uisionis atq; offer eum
ibi holocaustum super unum montium quem
monstrauero tibi. Igitur abraham denocte con-
surgens strauit asinum suum ducens secu duos
iuuenes. & isaac filium suu Cumq; concidisset
ligna in holocaustum. abiit ad locum quem prae-
ceperat ei ds. Die autem tertio leuatis oculis.
uidit locum procul. Dixitque ad pueros suos.

Exspectate hic cum asino. ego & puer illuc usque
properantes. postquam adorauerimus reuerte-
mur aduos. Tulit quoque ligna holocausti. &
inposuit super isaac filium suum. Ipse uero
portabat in manib: suis ignem & gladium. Cu-
que duo pergerent simul. dixit isaac patri suo.

Pater mi. at ille respondit Quiduis fili. Ecce

Cognouit ergo turba multa ex Iudaeis quia illic est · et uener
non propter ihm tantum · sed ut lazarum uiderent quem sus
citauit a mortuis · Cogitauerunt autem principes sacer
dotum · ut et lazarum inter ficerent · quia multi propter illu
abibant ex Iudaeis et credebant in ihm ·

IN CRASTINUM AUTEM TURBA MULTA
quae uenerat ad diem festum cum audissent quia uenit ihc
hierosolimam · acceperunt ramos palmarum · et processer
obuiam ei et clamabant · O sanna benedictus qui uenit In
nomine dni rex israhel ·

Et inuenit ihc asellum · et sedit super eum · sicut scriptum est ·
Noli timere filia sion · ecce rex tuus uenit sedens suppullum asine
haec non cognouerunt discipuli eius primum · sed quando glori
ficatus est ihc tunc recordati sunt quia haec erant scripta
de eo · et haec fecerunt ei · Testimonium ergo per hibebat
turba quae erat cum eo quando lazarum uocauit de monu
mento · et suscitauit eum a mortuis · Propterea et obuiam
uenit ei turba · quia audierunt eum fecisse hoc signum ·
Pharisaei ergo dixerunt ad semetipsos · uidetis quia nihil
proficimus · ecce mundus totus post eum abit · Erant aute
gentiles quidam ex his qui ascenderant · ut adorarent In
die festo · hi ergo accesserunt ad philippum qui erat abeth
saida galileae · et rogabant eum dicentes · Dne uolumus ihm
uidere · Uenit philippus et dicit andreæ · andreas rursu

FESTIS APRBISAUTÉ
MINIMEDICITUR·NISI
SOLOINPASCHA·QUAN
DOUEROLAETANIAAGI
TURNEQUEGLORIAIN
EXCELSISDONEQUEALL
CANITUR POSTMODÚ
DICITURORATIO·DEIN
DESEQUITURAPOSTO
LUS ITEMGRADALIS
SIUEALLELUIA POST
MODUMLEGITUREÚ
ANGELIUMDEINDEOF
FERTORIÚETDICITUR
ORATIOSUPEROBLATA
QUACÓPLETADICITSACER
DOSEXCELSAUOCE·

CAPITULA IUNIORIS KAROLI REGIS·
IN PISTIS FACTA

KAROLVS
GRATIA
DI REX

Notu esse uolumus omnib; di & nris fidelibus qm haec quae secuntur
captula nunc in isto placito nro· Anno ab incarnatione dni nri ihuxpi
DCCC LXIIII· Anno uidelicet regminii ipso propitio XXV Indictione XII·
VII Kl iul· in hoc loco quidicitur pistis una cu fideliu nro ru consensu
atq consilio constituimus & cunctis sine ulla refragatione per regnu
nrm obseruanda mandamus·

Primo considerauimus de honore ecclesiaru & sacerdotii ac seruoru di
& Inmunitate reru ecclesiasticaru ut nullus sibi de ipsis rebus contra
auctoritate presumat · & comites episcoministris ecclae Ineorum minis
teriis adiutores in omnib· fiant · sicut incaptulari predecessoru acpro
gentoru nro ru continetur In secundo libro cap XXIII Et quiaiq co
mitu uel ministroru rei publico haec quae mandamus obseruarenegle
xerit· si prima & secunda uice dehis admonitus non se correxerit· uo
lumus ut neglegentia comitis adnram notitia per epos et permissos
nros deferatur· & alioru neglegentia per comites adnram notitiam

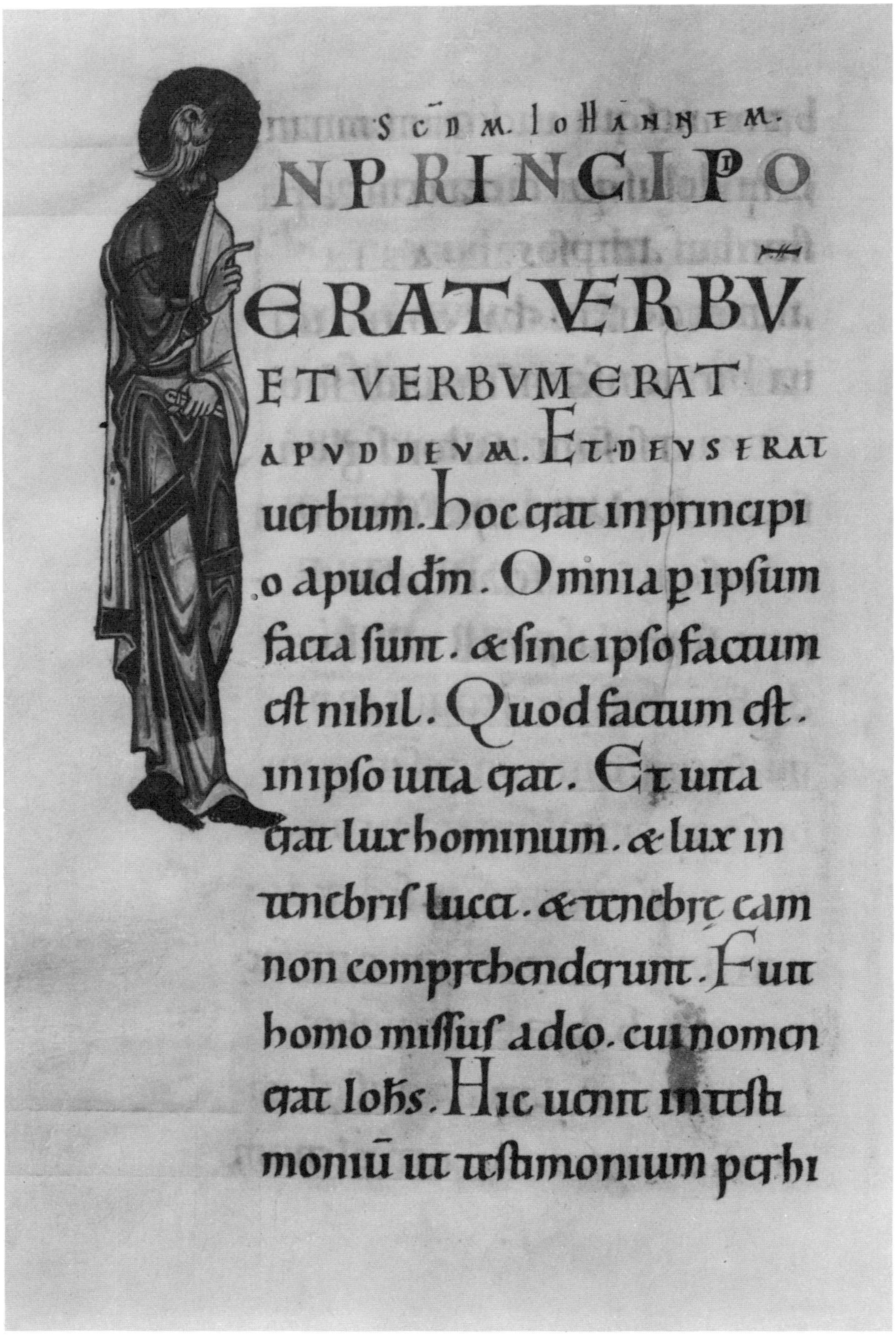

SCDM IOHANNEM.

N PRINCIPO

ERAT VERBV

ET VERBVM ERAT

APVD DEVM. ET DEVS ERAT

uerbum. hoc erat inprincipi

o apud dm. Omnia p ipsum

facta sunt. & sine ipso factum

est nihil. Quod factum est.

inipso uita erat. Et uita

erat lux hominum. & lux in

tenebris lucet. & tenebre eam

non comprehenderunt. Fuit

homo missus adeo. cui nomen

erat Iohs. Hic uenit intesti

moniū ut testimonium perhi

ille tie pstraty ueniā postulat culpā qsi
tetur. pniam iplorat. de futis cautelā
spontet. tūc est apphensa manu ef dex
tera. eteam eū introducat. 7 coione xpi
anā ei reddat. vii. ps. pniales decantan
do cū pab3. Hyuel3 Pat nr. 7c. ut s. Oe
maiestatem tuam qs dñe sce pat oro.
Rompe etie ds. qui nō mortem pecto
t3 ueniam semp iquns. respice flentē
famulū tuū. attente pstratū. euusq3
planctū i gaudiū tue miseratois cō
uerte. scinde delictor saccū. 7 indue eū
leticia salutari. ut p3 longam pegrin
atōnis famē de scis altaribz satietur.
ingissusq3 cubiculū regis i ipi3 aula
bñdicat nomē glie tue semp. p. x. d. n.
ir Am. al. oro Deus miseri cors deus
clemēs. ixe. s. fer. v. tene diu. uerb plura
lis numeri i singlare mutatis. Ordo ad
recōciliandū apostatā. scismaticū.
postate recōcili Cul hereticar.
atō sit h modo. primo ei ante

Grymiger abtilger aller leut schedlicher echß vñ
veruolger aller werlt·Fraissamer mozder aller
mēschē·Ir tod euch sei verflucht got eur straffer haß
euch unseldē merūg wō pei euch ungeluck hauß ge
waltiglich zu euch zu mal geschēt seit ymer·Angst
not vñ iamer verlassē euch nicht wo ir wādert·Iaid
betrupnuß vñ auch kumer beleitē euch allenthalbē
Ieidige anfechtūg·schēcliche zuuersicht und schēliche
anferūg die betwingē euch groblichē an aller stat·
Himel·erdē·sun·mon·gestirn·mer·wagk·perg·ge
filld·tal·awe·der helle abgrūt·auch alles das leben
und wesen hat sey euch unholt ungūstig vñ fluchē
ewiglichē·In poßheit versincket in iemerlichē elend
verschwyder und in der unwiderpringlichē schwerstē
echt gottes aller leut und iglicher geschepfūg aller
zukūfftiger zeit beleibt unūschamter poßwicht·eur
pose gedechtnuß·Ieb und trauer hin an ende·grau
und vorcht scheidē vō euch nicht wo ir wandert·vñ
wonet von mir und aller meniglich sei steriglichen
geschriē vber euch ernstlichē zeter geschrei mit gewū
den henden·⸿Des tods wider red das ander capitel·
Hort hort hort new wunder grausā und unge
hort reiding vechten uns an·von wem die ku
mē das ist uns zu mal ser fremd·Doch treuēs·fluch
ens·zetter geschreis·hendwindēs·und allerlei ankri
gens sein wir elender untz her wol genesen·Dēnach
sun wer du pist mell dich vñ lautmer was dir leides
von uns widerfarn sei·Darumb du uns so unzemli

64

Oseph quid agis, Ré profecto oparis
q̃ me profundissima admiratõe suspē
dit, herodem timens ne puerum perdat,
in egiptuȝ cum puero ⁊ matre eius fugis
O res stupenda nonne puer iste est paruu
lus ille qui paucos ante dies natus est no
bis, cuius imperiuȝ ut propheta sanctus
ait super humersĩ eius, deus fortis pater
futuri seculi, princeps pacis, Nimis profe=
cto arbitratus es herodis potẽtiã, ut me=
tueres ne paruulũ pderet, cui est potestas
immẽsa, maiestas infinita, et insupabilis

¶ Das Erst blat   ¶ Das erst bůch

ein über grosse teúre·sterbent·vnd todsucht·darüber hetten
sy rat des gotes appolinis·do funden sy das sy die sel esopi
sölten gütigen vnd versönen·Do wurden sy reüwig daz sy
esopum vnschuldigklich heten getödtet·vnd baweten jm
einen neüen tempel·vnd zů seiner ewigen gedächtnuß lief/
sen sy jm ein saule darein setzen·über das·do die fürsten võ
kriechenlandt den tode Esopi erhörten zugent sy in höꝛes
kraft über die delphen·vnd erfúren flepſſigklichen wöliche
schuld hettent an dem tod esopi dye liessent sy all als billich
was mit sölichem tod auch vergeen·

¶ Hie hat ein ende das lesen esopi·

¶ Die voꝛrede Romuli philosophi in das bůch Esopi·

ROmulus seinem sun von der stat athenis heyl·Eso
pus ist gewesen ein sinnreÿcher man auß kriechen
der durch sein fabeln die menschē gelert hat·wie sy
sich in allem thůn vnd lassen halten söllen·Aber darum̄ das
er das leben der menschen vnd auch ire sitten erzeÿgen mö
chte hat er in seinen fabeln redent·vogel·bäum·wÿlde vnd
zäme thyer·hyrß·wolff·fuchs·lewen·schaff·gepß·vnd an
dere getzogen nach gebürlicheyt einer yeden fabel·darauß
man leicht vnd verstentlich erkennen mag·warūb dye ge/
se·iiij·

66

Register Des buchs der Croniken vnd geschichten mit figuren vnd pildnissen von anbegin der welt bis auf dise vnsere zeit

vanden poorten eñ dedense wyde opē
doe quamē sy al inne. ende doe sloegē
sy die turcken doot in allē plecken. Eñ
cassiaen die coninc van Antiochien ōt-
vloot. maer hy wert ghegrepen vanden sarasinen die hi gheuangen hielt
die hem sijn hoot afsloeghen eñ brach
ten dat den kerstenen. Aldus wert die
stad gewonnen int iaer M. eñ xcviij.
op eenen donredach voir oogst na dat
sp. ix. maenden belegē hadde geweest.
daer sy niet vele vitalien en vondē. eñ
cume hodden sp. ij. C. peerden mager
eñ ongeuallich.
¶Des saterdaechs daer na quā voer
die stad Corbohan die coninc vā corro-
saim. om die kersten te beuechtene eñ
hy belach die stad mettē voerš coninc
Saleman. want hy wpste wel datter
niet meer volcks en quā wt kerstērijc
ke. eñ dat die vitalie dunne was. ende
hy benam dat vander see hem gheen
nootdorft geromē en conste. Doe ledē
die kerstene so groten hongher eñ sul-
ken gebrecht inde stad. datter vele stor
uen. eñ sp aten peerden. mule. eselen.
kemelen. eñ doode honden die sp soden
Aldus en hadden sp gheen hope dā op
gode alleen. Als sp in desen noode wa-
so en wasser npet vele sp en haddē wel
willen vlieden. Doe was daer eē goet
gheestelijck clerck wt Lombaerdiē die
den gheest gods hadde. die bat dē heeren dat sp hē hooren wouden spreken
Daer vtelde hy van eenē goeden prief
ter wt Italien dien hy goet van leuen
kinde die welcke int beghin van deser
vaert op eē tijt als hi ouer wech ghick
ter plaetsen weert daer hi misse singē
soude. ontmoette eenen pelgreē die hē

aen sprack vander crupsuaert die doe
begonste. seggende datse van god ghe
ordyneert was. die prpester seyde. hoe
weetti dat. die pelgrem antwoorde. Jc
ben Ambrosius bpsscop van Milanē
Ende dit licteeken seldy den kerstenen
draghen. Ouer. iiij. Jaren van desen
dage sal god den kerstenen gheuē Jhe
rusalem. Ende met dien woorden ver
schiet sinte Ambrosius vā daer. Doen
seyde voort die voorseyde goede clerck
totten kerstenē. Het is gheleden twee
iaren dat dit gheschiedde. eñ this te ho
pen dattet int eyde niet saillperē en sal
Bi desen woerdē wert dat volc alsoe v
troost eñ gesterct datse nymmermeer
vlpen en woudē
¶Item eenē anderē goeden priestere
opēbaerde haer ōs lieue vrouwe met
haren kinde Jhesu eñ met sinte peter
Ende hem werdt ghesept dat hi tot dē
kerstenē segghen soude datse hem be-
keeren souden tot gode: afflegghende
haer sonden. ende datse god dan vhoo
ren soude.
¶Itē oec so openbaerde sinte Andries
eenē goeden clerc wt Provenciē eñ hy
wijsde hem een stede in sinte Peeters
kercke tot Anthiochpē: daer den speer
ons liefs heeren ihesu cristi begrauen
lach. Ende men vantten met grooter
blijsschappē. ende met groter deuociē
werdt hi gheeert
¶Doe wardē die kerstene princen be-
raden wt te trecken tseghē den coninc
Corboham. diese drpe wekē beleghen
hade met groter menichten van volc
ke so stranghelijc datter niemant dan
god almachtich hem ghehulpē en kō-
de. Die kerstenē biechteden hem ende

R

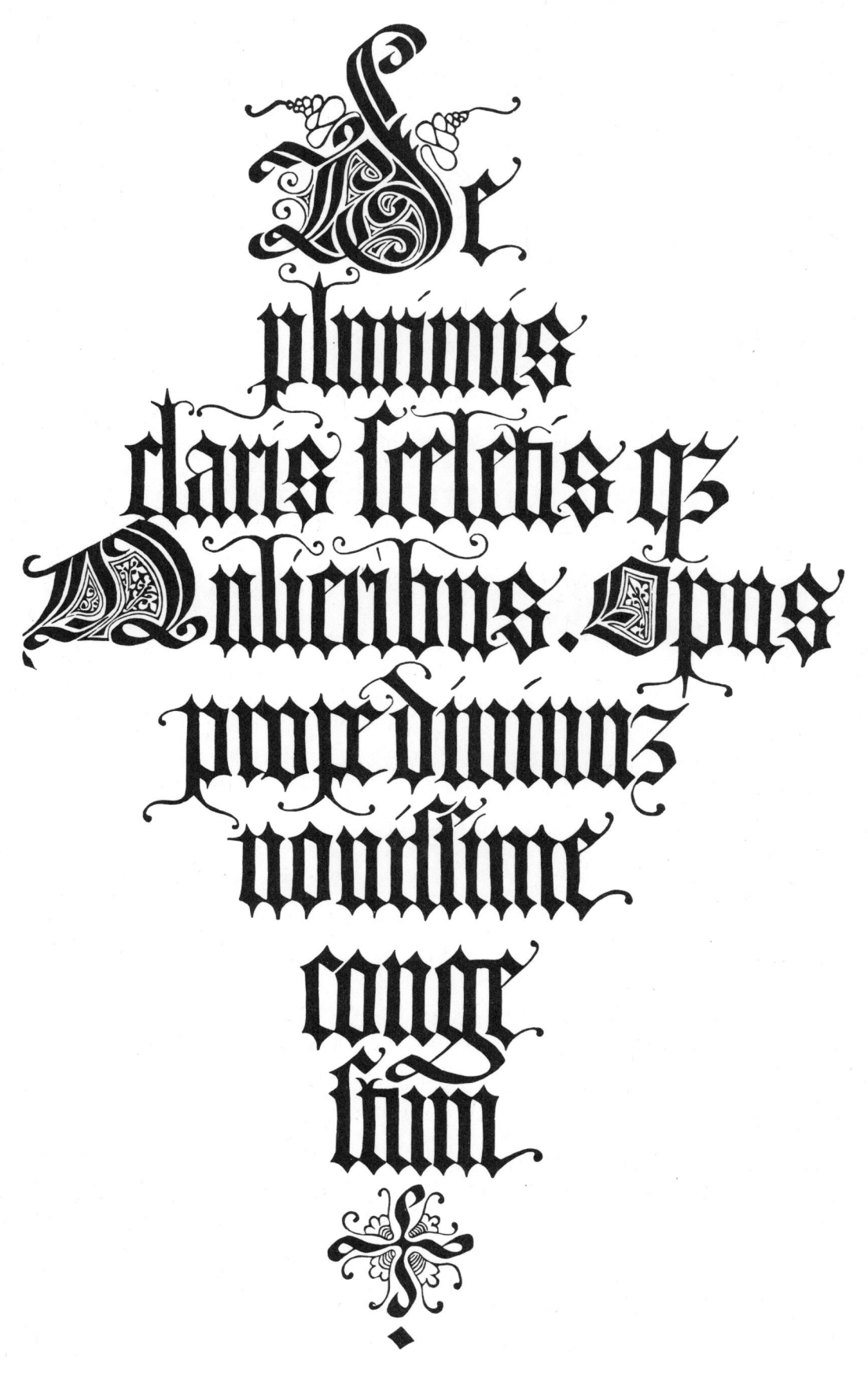

De
plurimis
claris selectis q̃
Mulieribus. Opus
prope diuinū
nouissime
congestum
.

69

Confiteant' dño mi̅sc̅die eíus:
lia eíus filijs hp̅minu̅, Ut facri
ficiu̅ laudis: ⁊ annu̅cient opera eí
ratione, Qui defcendu̅t mare in
faciȇtes opration̅e in aquis mul
vide̅ru̅t op̅a dn̅i: et mirabilia eiu
do, Dixit et ftetit fpirit9 prelle
ti fu̅t fluch̅is eíus Afcendu̅t ufȼ
et defcendunt ufȼ ad abiffos: a
in malis tabefcebat, Turbati l
funt ficut ebriꝰ: et omnis fapi̅
uorata eft, Et clamaueru̅t ad i
tribularent̅: et de neceffitat̅ib₂ ȶ
eos, Et ftatuit prellam eíus in
lueru̅t fluch̅us eíus, Et letati ſu

70

ABCDEFGHJL

MNOPRSTVX

abcadddd wefffffghi

ijlmnopqrwssfffst

tuvxyz⁊.·:⸗

Exoretur deus pro anima quondam dñi
Johannis nygendorp: perpetni duz vixit
in ecclesia Hamburgeñ Vicarij. Pro cu=
ius salute hec beate Marie compassionis
instituta est memoria. Impressagz in im=
periali ciuitate Lubeck. Arte ⁊ Ingenio
Stephani arndes: Anno dñi millesimo=
quadringentesimo Nonagesimoquinto
Vigesimaoctaua die mensis Marcij

71

castra regis. Janus vero filius vrosa: palatinus comes longe
descenderāt de rege. Qui cum audissent siléter vnanimiter suos
armauerūt z impetū sup bohemos qui castra deuastabāt secerūt.
Contriuitqz dns eos in ore gladij hungaroz z dira morte saucia
uit. Misitqz ianus post regē nūcium z manifestauit illi victoriaz
quā dns sibi dederat. Rex itaqz reuersus ganisus est gaudio ma
gno: sz valde doluit: qz solth in eodem plio mortuus nó suit qui
tanta mala mendacijs similabat: Rex aūt stephanus legittimaz
volebat ducere vxorem sz cócubinis meretricibus iunctus erat.
Quare barones z optimates dolētes de regni desolatiōe z regS
sterilitate duxerūt ei vxorez dñam nobilissimam filiā regis rober
ti viscardi de apulia: venit itaqz dux theutonicoz nomie Bezen
ad regem z conquestus ei est vt frater suus eū de ducatu eiecisset.
rogansqz regis clementiā vt in ppria psona sua ipsū adiuuaret.
Rex aūt stephanus nolēs iiuriā patris sui regis Colomani vin
dicare pmisit ducem adiuuatuz. z collecto exercitu iuit in rusciaz
Cunqz puenisset primus obsedit castz. Contigit aūt summo di
luculo cp poictus dux Bezen ambulabat circa castruz puidēdo
loca expugnandi munitiones. Obsessi vero exiuerant de castro
causa visitandi hungaros. Cunqz dux vidisset illos impetuz se
cit sup illos qui viriliter pugnantes ducem vsqz ad mortem vul
nerauerunt. Cunqz rex audisset de morte oncis indignatus ē val
de z precepit omnibus hungaris vt castrum obpugnarēt z eodē
die elegerent munitiōes possidere vel mori. Principes aūt hun
garie habuerunt consiliū z dixerunt. Quid z quare morimur: si
ducatuim vendicabimus quem rex ex nobis cóstituet ducē. Sta
bilitum igif sic inter nos cp nullus castrum obpugnet z dicamus
regi. Quia hec omnia absqz consilio suoz principum facit. Cuz
vero principes venissent ad consilium regis omēs in duas par
tes se transtulerunt. Sed Cozma de genere paznā erexit se di
cens regi. Domine quid est quod facis: si cum multitudine mor
te militum tuorum castruz capis quem ducem constitues. Si in
ter principes tuos eligis nullus remanet. Nunquid vos vultS
regno relicto habere ducatū: nos barones castz nó obpugnabi

Cum orationibus pulcherrimis dicendis circa agonizantem.

aut argumentoy aut sententiay : aut deniq descriptio
nif aut ordinif : fateamur aut hoc quod hęc arf profiteat
alienum esse : aut cum alia aliqua arte esse comune . sed si
in hac una est ea ratio atq doctrina . non si qui aliay artiu
bene loquuti sunt : eo minus id est huius unius proprium .
5 ed ut orator de hif rebuf que ęteray artium sunt : si modo
eas cognouit . ut heri crassuf dicebat : optime potest dicere .
sic ęteray artium hoief ornatiuf illa sua dicunt : siqd ab
hac arte didicerunt . Heq eim si de rebuf rusticif agricola
qfpiam : aut etiam id quod multi medici de morbif : aut de
pingendo pictor aliqf diserte dixerit aut scripserit : idcirco
illiuf artif putanda est eloquentia . in qua qa uif magna
est in hoium ingeniuf : eo multi etiam sine doctrina aliqd
oium geney atq artium consequunt : sed quod cuiusq sit
proprium : & si ex eo iudicari potest cum uideris quid queq
doceant : tamen hoc certiuf esse nihil potest : q̃ quod oef
artef alię sine eloquentia suum munuf prestare possunt :
orator sine ea nomen suum optinere non potest . Vt ęte
ri si diserti sint aliqd ab hoc habeant : hic nisi domesticif
se instruxerit copiif aliunde dicendi copiam petere non
possit . Tum catuluf . & si inqt antoni minime impediéduf
est interpellatione iste cursuf orationif tue . patiere tamen
mihiq ignoscef . non eim possum quin exclamem ut ait ille
in trinumo : ita uim oratorif mihi tum exprimere subtili
ter uisuf ef : tum laudare copiosissime . Quod qdem eloqué
tem uel optime facere oportet ut eloq̃ntiam laudet . Debet

AGNO ET EXCELLENTI INGENIO VIRI
cum se doctrine penitus dedissent quicquid labo
ris poterat impendi contemptis omnibus & pri
uatis & publicis actionibus ad inquirende ue
ritatis studium contulerunt existimantes multo
esse preclarius humanarum diuinasqȝ rerum
inuestigare ac scire rationem qȝ struendis opibus
aut cumulandis honoribus inherere. Quibus re
bus quoniam fragiles terreneqȝ sunt & ad solius corporis pertinent cultū
nemo melior nemo iustior effici potest. Erant quidem illi ueritatis cogniti
one dignissimi quam scire tantopere cupierunt atqȝ ita ut eam rebus omnibus
anteponerent. Nam & abiecisse quosdam res familiares suas & renuntiasse
uniuersis uoluptatibus constat. ut solam nudamqȝ uirtutem nudi expeditiqȝ
sequerentur. Tantum apud eos uirtutis nomen & auctoritas ualuit ut in ipā
esse summi boni premium predicarent. Sed neqȝ adepti sunt id quod uolebāt
& operam simul atqȝ industriam perdiderunt. quia ueritas idest archanum sū
mi dei qui fecit omnia ingenio ac propriis sensibus non potest comprehendi ali
oquin nichil inter deum & hominem distaret. si consilia & dispositiones illius
maiestatis eterne cogitatio assequeretur humana. Quod quia fieri non po
tuit. ut homini perse ipsum ratio diuina notesceret. non est passus hominem
deus lumen sapientie requirentem diutius errare ac sine ullo laboris effectu
uagari per tenebras inextricabiles. Aperuit oculos eius aliquando & notionē
ueritatis munus suum fecit. ut & humanam sapientiam nullam esse mon
straret & erranti ac uago uiam consequende immortalitatis ostenderet. oo.
Verum quoniam pauci utuntur hoc celesti beneficio ac munere quod obuo
luta in obscuro ueritas latet. ea quȝ uel contemptui doctis est quia idoneis
assertoribus eget. Vel odio indoctis ob insitam sibi austeritatem. quam na
tura hominum procliuis inuitia pati non potest. Nȝ quia uirtutibus

75

qui omnibus ui aquarum fubmerfis cum filiis fuis fimul ac nuribus
mirabili quodã modo quafi femen huãni generis conferuatus eft:quẽ
utinã quafi uiuam quandam imaginem imitari nobis contingat:& hi
quidem ante diluuium fuerunt:poft diluuium autem alii quorũ unus
altiffimi dei facerdos iuftitiæ ac pietatis miraculo rex iuftus lingua he/
bræorũ appellatus eft:apud quos nec circuncifionis nec mofaicæ legis
ulla mentio erat . Quare nec iudæos(pofteris eñi hoc nomen fuit)neq;
gentiles:quoniam non ut gentes pluralitatem deorum inducebant fed
hebræos proprie noïamus aut ab Hebere ut dictũ eft:aut qa id nomen
tranfitiuos fignificat.Soli qppe a creaturis naturali rõne & lege inata
nõ fcripta ad cognitionẽ ueri dei trãfiere:& uoluptate corporis cõtẽpta
ad rectam uitam pueniffe fcribunt:cum quibus omĩbus præclarus ille
totius generis origo Habraam numerãdus eft:cui fcriptura mirabilem
iuftitiã quã non a mofaica lege(feptima eĩm poft Habraã generatione
Moyfes nafcitur)fed naturali fuit ratione confecutus fũma cum laude
atteftatur.Credidit enim Habraam deo & reputatũ eft ei in iuftitiam.
Quare multarum quoq; gentium patrem diuina oracula futurũ:ac in
ipfo benedicẽdas oẽs gentes hoc uidelic& ipfum quod iam nos uideũs
aperte prædictum eft:cuius ille iuftitiæ perfectioẽm non mofaica lege
fed fide cõfecutus eft:qui poft multas dei uifiones legittimum genuit
filium:quem primum omnium diuino pfuafus oraculo circũcidit:&
cæteris qui ab eo nafcerẽtur tradidit:uel ad manifeftum multitudinis
eorum futuræ fignum:uel ut hoc quafi paternæ uirtutis ifigne filii re/
tinẽtes maiores fuos imitari conaret:aut qbufcũq; aliis de caufis.Non
enim id fcrutãdum nobis modo eft.Poft Habraam filius eius Ifaac in
pietate fucceffit:fœlice hac hæreditate a parẽtibus accæpta:q uni uxori
coniunctus quum geminos genuiffet caftitatis amore ab uxore poftea
dicitur abftinuiffe.Ab ifto natus ẽ Iacob qui ppter cumulatũ uirtutis
prouẽtum Ifrael etiam appellatus eft duobus noïbus ppter duplicem
uirtutis ufũ.Iacob eĩm athletã & exercẽtem fe latine dicere poffumus:
quam appellationẽ primũ habuit:quũ practicis operatioïbus multos
pro pietate labores ferebat.Quum autẽ iam uictor luctando euafit:&
fpeculationis fruebat bonis:tũc Ifraelem ipfe deus appellauit æterna
premia beatitudinẽq; ultimam quæ in uifione dei confiftit ei largiens:
hominem enim qui deum uideat Ifrael nomen fignificat. Ab hoc.xii.
iudæorum tribus pfectæ fũt.Innumerabilia de uita iftorum uirorum
fortitudine prudentia pietateq; dici poffunt:quorum alia fecundum
fcripturæ uerba hiftorice confiderantur:alia tropologice ac allegorice
interpretãt:de qbus multi cõfcripferũt:& nos in libro quẽ infcripfiũs

FELICE
FELICIANO
ABCDE
FGHIJKLM
NOPQ
RSTUVW
XYZ

hostes. seu qui militant contra
inuidiam diabolorum. aut
qui uotum uouerint domi-
no cantare cotidie integrum
psalterium et non possunt.
aut qui ieiunant et ieiunio
nimium debilitantur etq
festa solennia non custodiut
et qui animam suam saluā
uolunt facere secundum misericordiam dei. Et uitam
eterna uolunt habere. assidue

cantent hoc psalterium. et
possidebunt regnum eternū.
Vscipe digneris do- Oro.
mine deus omnipotens
istos psalmos consecratos qs
ego indignus decantare cu-
pio in honore nominis tui
domine. beate marie uirgi-
nis et omnium sanctorum
tuorum pro me miserimo
Euanzelista famulo tuo. et p
genitore meo et genitrice mā.

meorum. Illumina faciem
tuam super seruum tuum. &
saluum me fac in misericor-
dia tua non confundar quoniam inuocaui te. Benedi-
cam dominum in omni tem-
pore semper laus eius i ore
meo. In domino laudabi-
tur anima mea audiant mā-
sueti et letentur. Magnifi-
cate dominum mecum et
exaltemus nomen eius in

id ipsum. Iudica domine
nocentes me expugna expu-
gnantes me Apprehende
arma et scutum et exurge in
adiutorium mihi Ne sileas
domine ne discedas a me y
exurge et intende iudicio y
meo domine deus meus Pre-
tende misericordiam tuam.
hijs qui recto sunt corde. Nō
ueniat mihi pes superbie et
manus peccatoris non move

Verum qui parum a recto exorbitat : non carpit
siue ad defectum : siue ad exsuperationem se flec-
tat : qui uero multum : uituperatur. non enim latet egressus. Facile autem non est excipere ratione,
quousq̃ et ad quantum a recto quispiam egressus
carpendus est. Neq̃ enim aliud quicquam sensi-
bilium determinari facile potest. Talia uero in
singulis sunt et iudicium est in sensu. Verum il-
lud est manifestum medium habitum in uniuersis
laudabilem esse. Oportet autem nunc ad exsuperationem : nunc ad defectum declinare. hoc enim
modo facillime medium ipsum et rectum attinge-
mus et assequemur :—

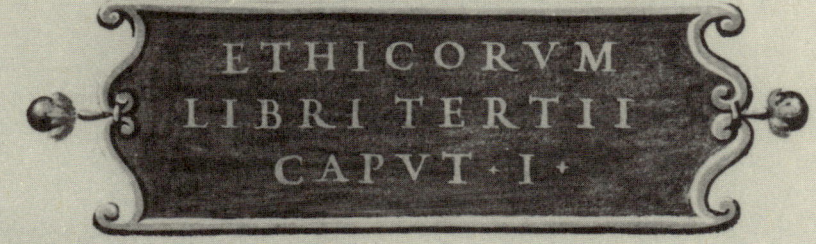

ETHICORVM
LIBRI TERTII
CAPVT · I ·

VM VIRTVS
circa affectus actusq̃ uer-
setur : et in ijs quidem quæ
sua sponte quis agit laudes
et uituperationes : in ijs au-
d 2

·:· Deo optimo & Immortali auspice :·

A b c d e f g g h i k l m n o p q r s s t u x x

xyyyzz & J

Cosi al stato human: Chi quel la sera finisce
il corso suo, Chi diman nasce. Sol
virtu doma Morte horrida
, e altera .

Hic tuus Rome in Patria
scribeba .

rudo .

· ANN · M D XXII ·

Deo, & Virtuti omnia debent ,

Reginam illam procacium uitiore Auaritia
cui cuncta crimina detestabili denotione
fuge,
famulantur,
Quis quidem Auari =
tia

studium pecuniis habet, quam nemo Sa=
piens concupiuit: Ca qua si malis ve=
nenis imbuta, corpus animumqs
virilem effemi =
nat
tia
neqs copia neqs inopia minuitur

Auarus i nullo bonus i seaut pessimus :·

Maiuscole Cancellaresche.

A A B b C c D d E e
F f G g H h I i K k L l
M m N n O o P p Q q
R r S s T t u u v v x x
y y z z & &
&

Iohannes Baptista Palatinus ciuis Roma.
Scribeba.

Esempio per fermar la Mano.

A a a b c d e e f g h i k l m n o p q r s
t u x y z & &

S, utio che la sua dextra errante voce,
Horatio sol contra Thoscana tutta,
Che ne foro, ne ferro à virtu noce.

Iohannes Baptista Palatinus Scribebat
Roma, apud Peregrinum
Anno
MDXXXX

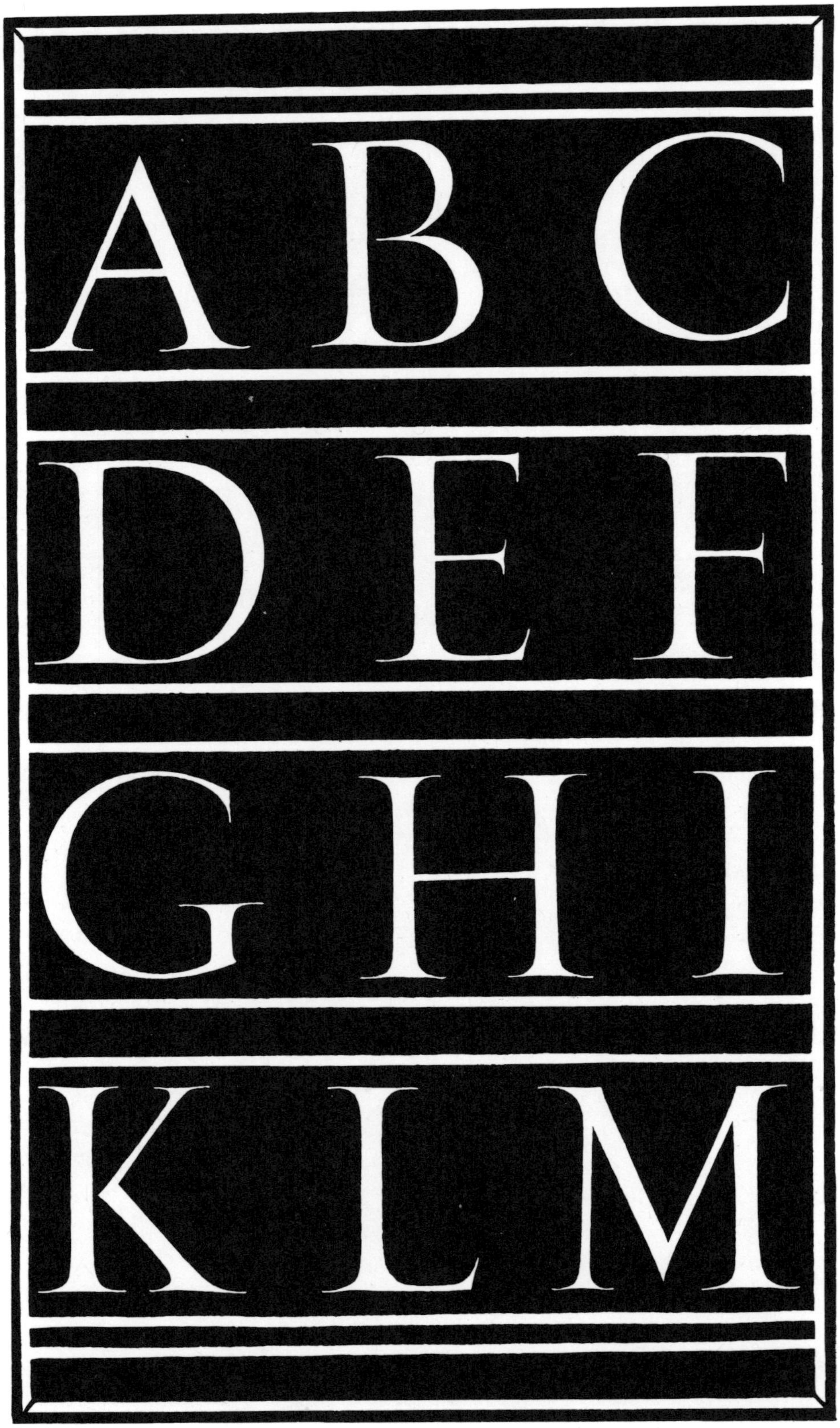
A B C
D E F
G H I
K L M

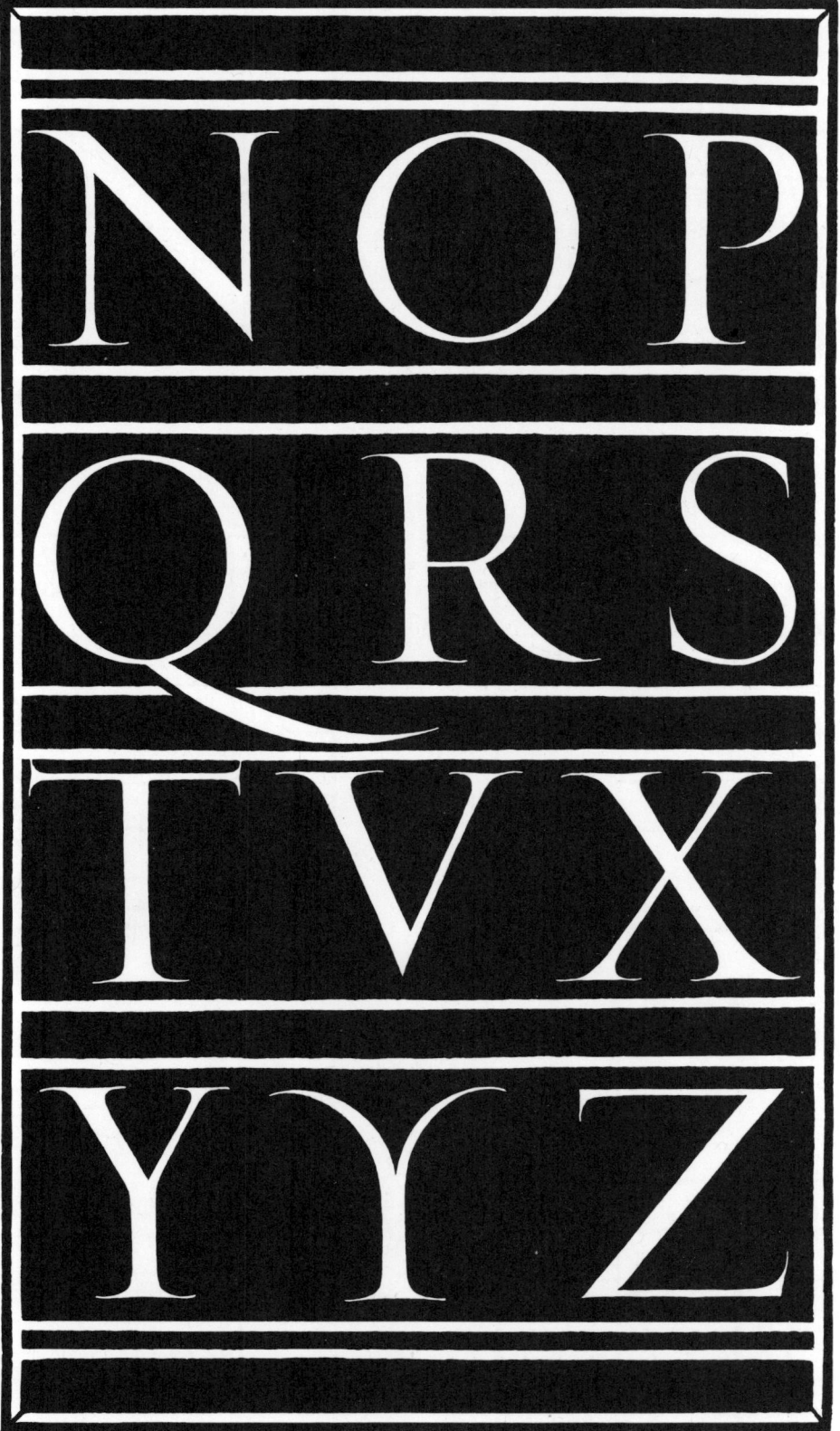

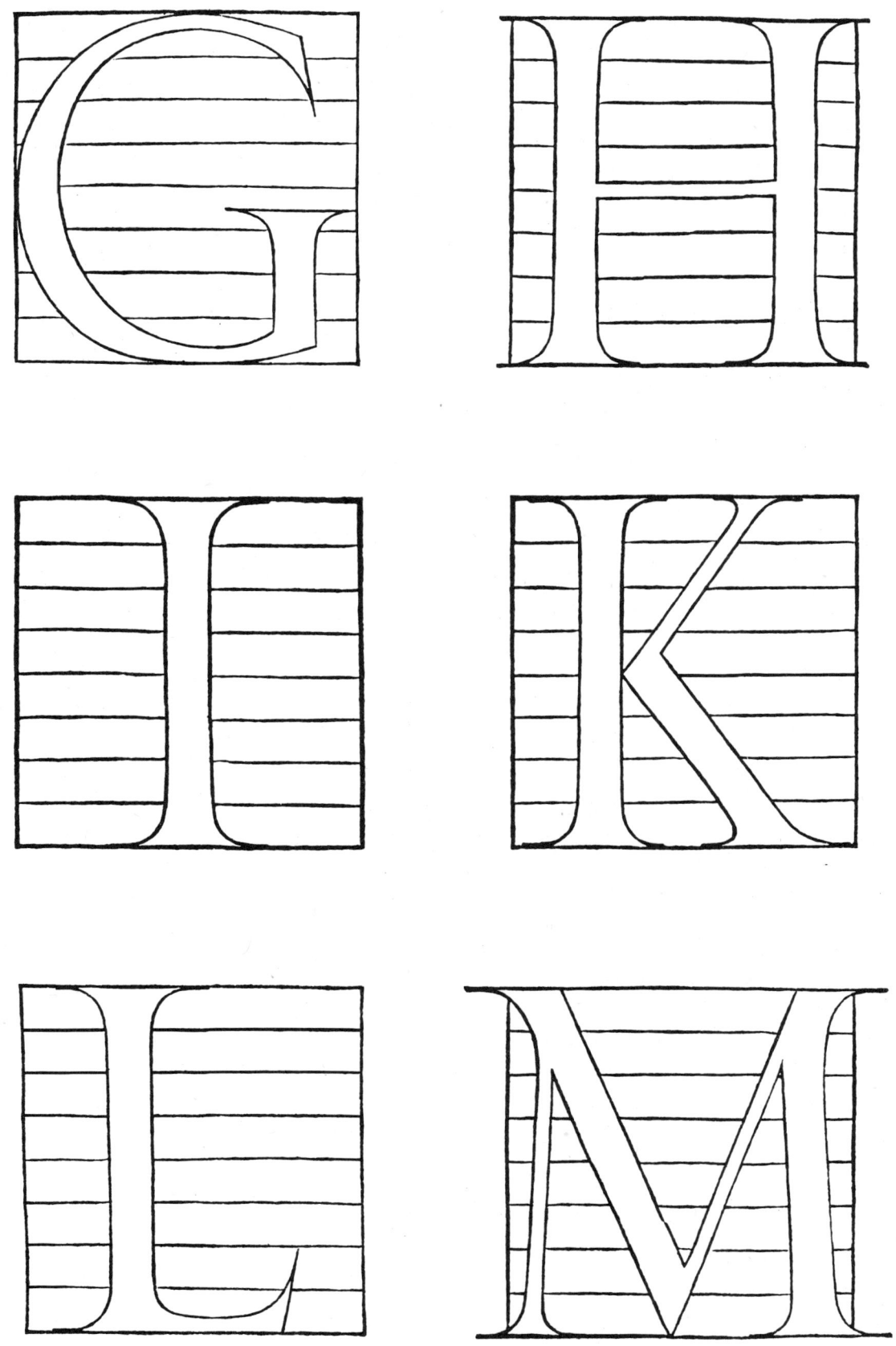

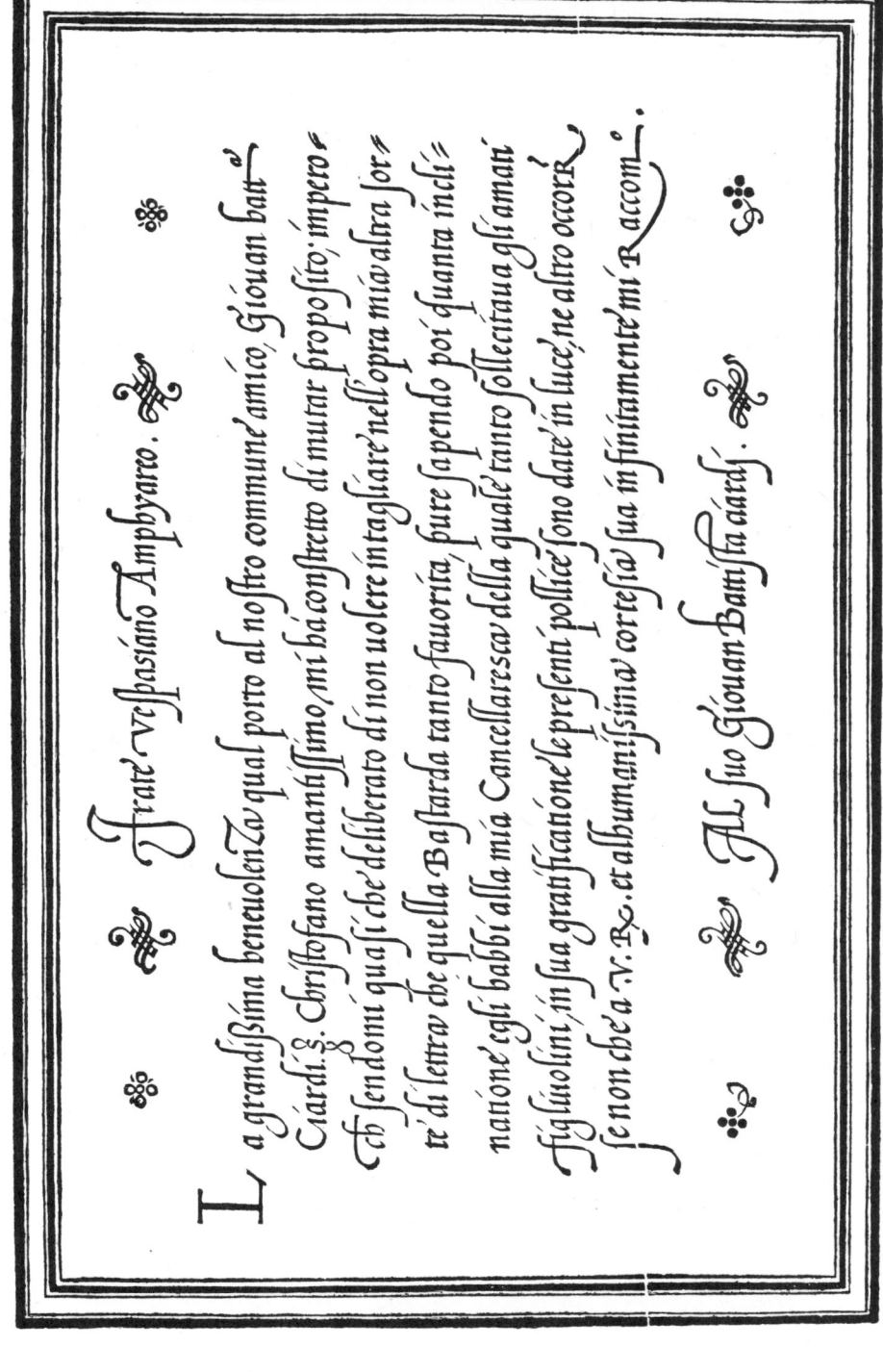

Frate' vespasiano Amphyareo.

La grandissima beneuolenza qual porto al nostro commune amico, Giouan batt'
Ciardi. S. Christofano amantissimo, mi ha constretto di mutar proposito, impero
ch' sendomi quasi che deliberato di non uolere intagliare nell'opra mia altra sor-
te' di lettra che quella Bastarda tanto fauorita, pure sapendo poi quanta incli-
natione egli habbi alla mia Cancellaresca della quale tanto sollecitaua gli amati
figliuolini, in sua gratificatione le presenti pollice sono date in luce, ne altro occorr-
se non che a .v. s. et all'humanissima cortesia sua infinitamente mi Raccom'.

AL suo Giouan Battista ciardi.

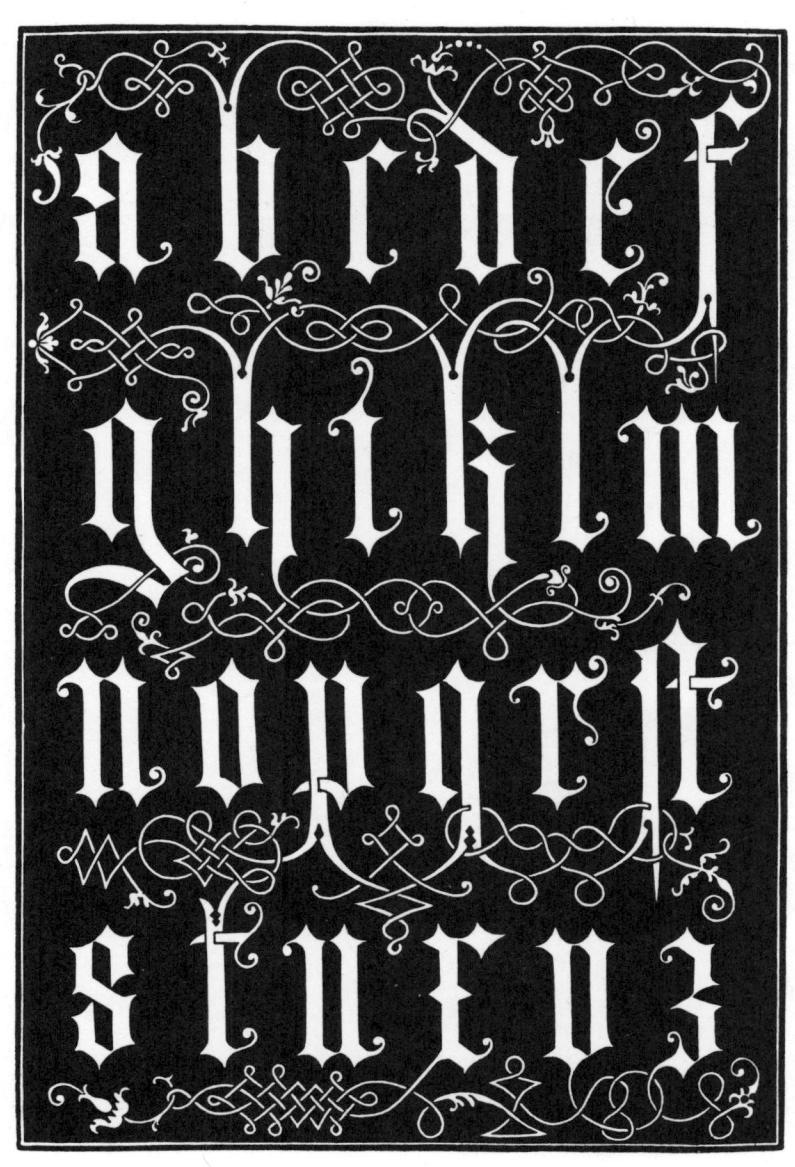

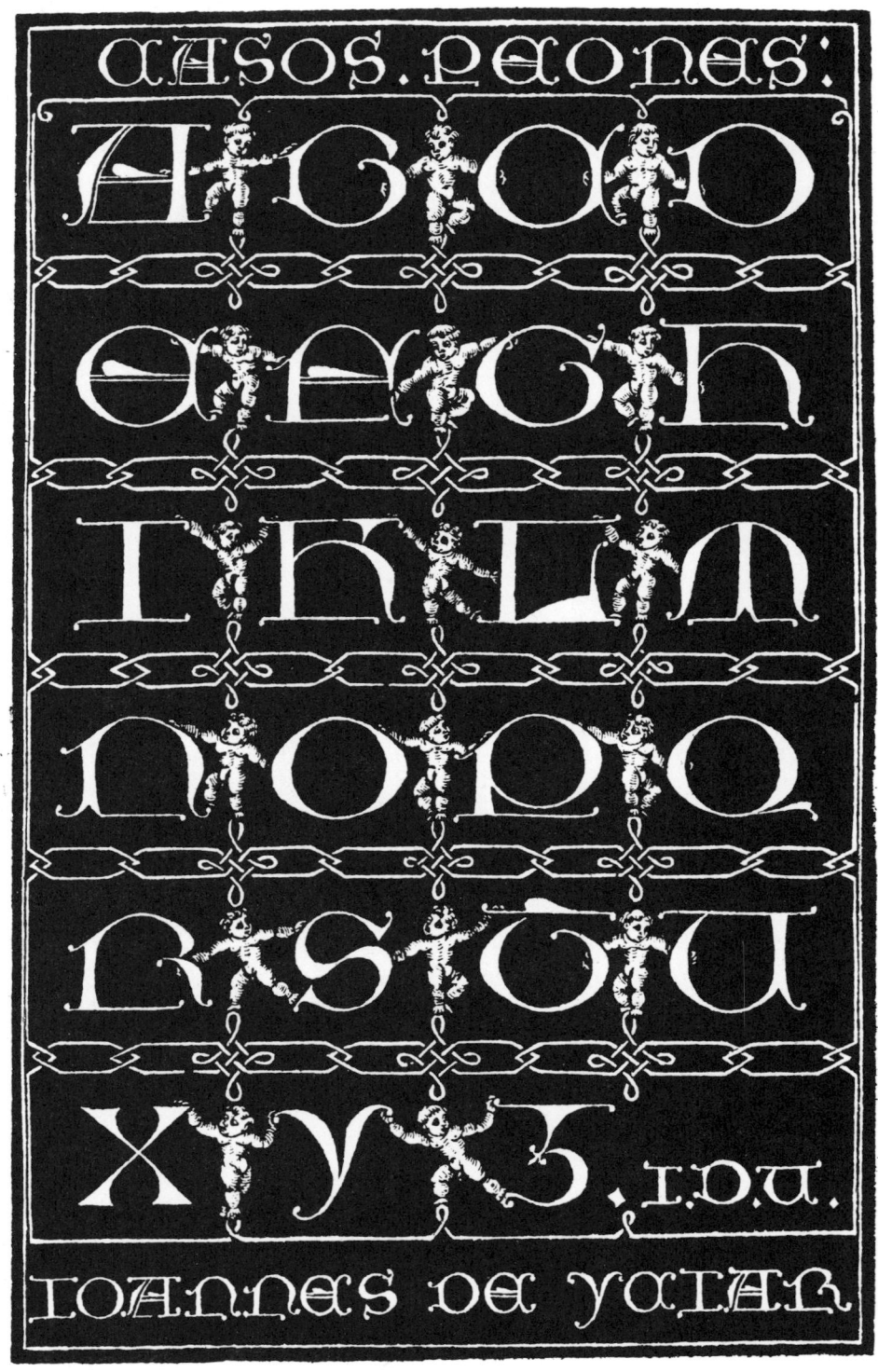

No Teniendo cosa cierta del
mundo ni de sus cosas hazemos ca
sas costosas estando el huer
co a la puerta. Se
guimos a sathanas y a ti buen dios
no tememos de contino
te ofendemos con
los bienes que nos das.

A a b c d e f g h i k l m n o p q r
ss t vu x y z ʒ.

Ioannes de yciar scribebat.

1550
.I.D.V.

-: abc con sus principios

A co a lfb · cc cod · cc

ll f cog o o p g lfhh

cc ss ii llsl i rn m

rn u cc o ll ppp coq u

r y f ss lt i v r x

v v y y 7 7 7 Zy

Fran Lucas me escre-
uia en madrid año. 1570

:. Bastarda grande llana :~

Obsecrote domina sancta

Maria mater Dei pietate

plenissima, summi regis fi-

lia, mater gloriosissima, m- a.

ter orphanorum, consola-

tio desolatorum, via erran-

tiuz

co.

Fran, Lucas lo escreuia en

Madrid año de M D lxx

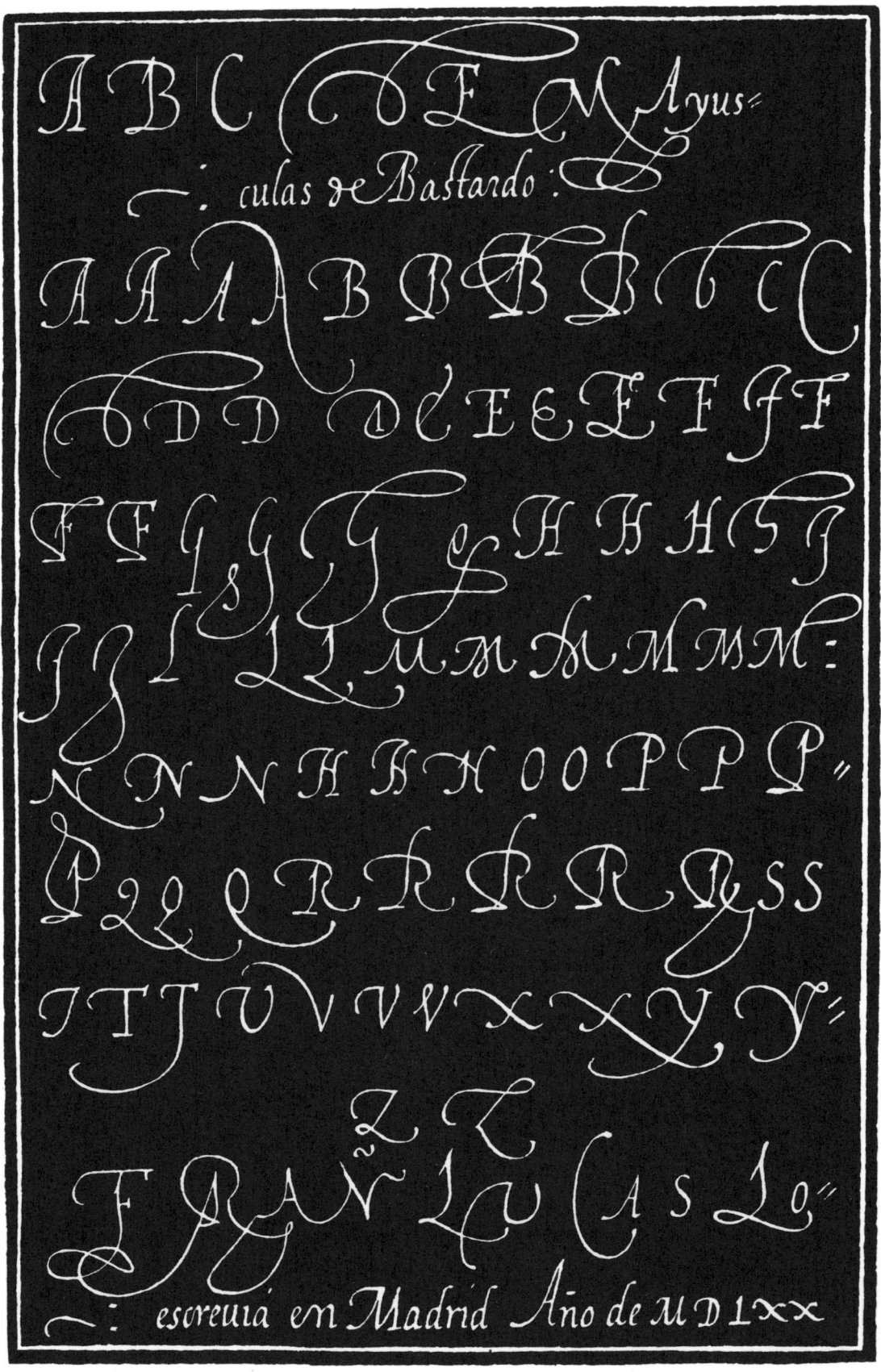

ABC DE MAyus=
: culas de Bastardo :
AAA BBBSb CC
DDD DEE FFF
FGG GG HHH HY
IJ LL MM MMM:
NNN HHH OO PPP"
PQ QRRRRRSS
TT UV V WXXY Y=
ZZ
FRANCIA LUCAS Lo=
: escreuia en Madrid Año de MD 1XX

98

Bastarda llana Mas peque-
: na :
Cantate domino canticum nouum:can
tate domino omnis terra. Cantate domi
no et benedicite nomini eius: annuntia
te de die in diem salutari eius. Annun-
tiate inter gentes gloriam eius: in omni
bus populis mirabilia eius. Quoniam
magnus dominus et laudabilis nimis:
terribilis est super omnes Deos. Quoniam omnes dij gentium dæmonia
: Dominus :

Frañ Lucas Lo escreuia En

Madrid Año De M D lxx

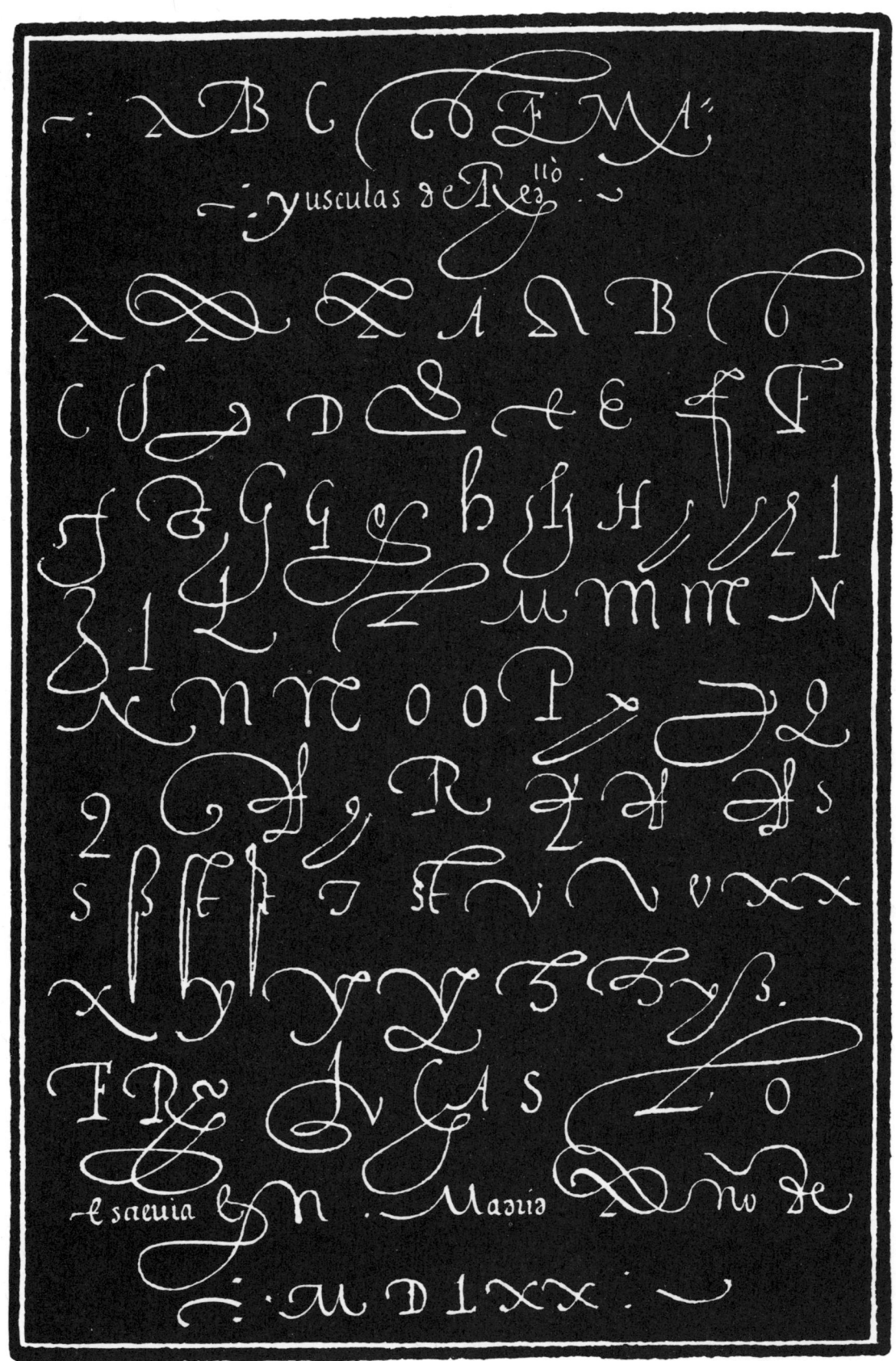

~: Redondilla llana mas
~: pequena :~

La virtud es ganancia que nun
ca se pierde, rio que no se passa,
mar que no se nauega, fuego que
nunca se apaga, tesoro que Jamas
fenece, exercito que nunca se ven-
ce, carga que nunca pesa, espia q̃:
siempre buelue, guarda que no se
~: engaña :~

Fran̄ Lucas Lo escreuia
en Madrid Año:~
~: DeMDIXX:~

Nfengklich vnd zum ersten von Citacion: fürheischung: vnd ladung der jn gesessenen burger in gemein.

¶ Welcher burger oder byseß einem andern jngesessnen burger oder jn woner diser statt Franckenfurt voz vnd an des heiligen reichs gericht gepieten wil / der selb sol vzsach der sachen vnd fozdzung warumb / vnd wa her die erwachß / jn solchem gepot meldüg thün / damit der antwurter der sachen vnd fozderung wissen / vnd daruff bedacht mög haben.

¶ Vnnd sollen einem ieglichen burger dzy fürgebott geschehen mit vnderscheit wie hernach folget / Nemlichen das erste gepot persönlichen / vnd mögen darnach die andern zwey gebott zu hauß vnd hoff gethan werden / außgescheiden für die hürige zinß / vnnd die messegebott sol ein ieglicher nach dem ersten gebott (das auch also wie obstet / in die eygen person gescheen sol) erschynē vnd antwurt zu geben / wie von alter her kömen ist pflichtig sein / Also doch das solche fürgebot gescheen voz dem gerichts tag bey sonnen schein / durch einen weltlichen richter zu Franckenfurt. Welche gebot auch ein ieglicher richter dem gerichtschzyber on allen verzug müntlichen oder schrifftlichen ansagen vnd jnschzybē lassen so offt sich die begeben. Doch so wöllen wir solche felle / so jnn der fürheischung vnd Citation mit willen vnd erlaubung der oberkeit geschehen / sollen hierinn nit gezogen noch verstanden werden.

¶ Wolt sich auch einer persönlichen nit finden / oder seiner geuerlichen verleucknen lassen / so sollen vnd mögen nichts desteminder die gepott / es weren das erst / ander / oder dzit zu huß geschehen / vnd alßdañ die selben gebot crefftig geacht vnnd gehalten / vnd daruff procedirt werden.

Ancient Black

ABCDEFGH

abcdefghijklmnopq

JKLMNOPQ

rfstuvwxyz

RSTUWXYZ

finffnflnffinft

Suaviter in modo,
fortiter in re

Oratio ad suū ppriū angelū.
Eus ppicius esto mihi
peccatori·Et sis mihi cu
stos oīnibus diebus vite mee·
Deus Abrahā·Deus Ysaac·
Deus Jacob miserere mei Et
mitte in adiutoriū meum pro
prium angelū gloriosissimū :
qui defendat me hodie:et pte
gat ab oīnibus inimicis meis
Sctē Mihael archangele·De=
fende me in plio:vt non pereā
in tremendo iuditio·Archan=
gele christi·Per gratiā quam

werdē/ als Hertzog Eberhard/ Keyser Conrads/ Hertzogen
zu Francken / vnd Heinrici vorfahr / Bruder / vnd vnder
andern Hertzog Arnold auß Bayern / die jhm zuvor nach
Leib vnd Leben stunden / hernach seine beste vertrauwete
Freunde worden/ vnd jn für jren Herrn vnd Röm. Keyser
erkannt vnd gehalten. Als nun dieser Heinricus in ver-
waltung seines Reichs gemeynem Teutsch vnd Vatter-
land vorzustehen allen fleyß fürwandte / alle abtrünnige
vnd widerspenstigen straffte/ die auffruhren vñ embörun-
gen/ so sich hin vñ wider erhuben/ stillete/ die vngläubigen
zum gehorsam vñ Christlichen Glauben vervrsachete/ vnd
darzu alle deß Reichs Fürstē jm hieriñ behülfflich zu seyn
beschriebe/ welche jren Pflichten nach erschienen / vnd das
Barbarisch Volck also bestritten/ hat er vnder andern dem
Hochgelobten Adel Teutscher Nation/von wegen jres ge-
horsams vnd Mannlicher thaten/ zur ewigen gedechtnuß
das Ritterspiel der Thurnier/ so der zeyt bey den Teutschē
vnbekañt/ aber doch in Britannia vnd anderßwo breuch-
lich/ in Teutschenlanden angefangē/ auffbracht/ auch selbs
thurnieret/ vnd ferrner die vier fürnembsten Teutschen
Refier oder Kreyß/ Nemlich deß Rheinstroms/ Francken/
Bayrn vnd Schwaben / sampt andern so darinn vnd da-
runder zum Heyligen Röm. Reich Teutscher Nation ge-
hörig/ begriffen/ mit sondern Freyheiten vnd Gnaden be-
gabet/Bey welchē hernach alle folgende Römische Keyser
vnd Könige dieselben gelassen vnd gehandhabt/ ist auch in
krafft dero ob fünff hundert vnd achtzig Jarn/ biß auff den
letzten zu Wormbs gehaltnen Thurnier/ gethurniert vnd
erhalten worden. Das aber gemeldte Thurnier zu pflan-
tzung aller ehrbarn tugenden/Ritterlicher vbung/Mann-

Erstlich sey vnser meynung das wir das erst beschryben angesicht durch die zwerch linien gar verrucken wölle/also das kein ding bey dem andern beleyb / Eintweders wir wöl
len ein lange oder kurtze stirn/ein lange oder kurtze nasen/ein langs oder kurtz kin machen/
Ist nun sach das du die zwerch lini.l.fast vbersich ruckest gegen der lini.k.so wirdet dar-
zwischen ein kurtze stirn/vnd die nasen erlengt sich zwischen.l.m.ruckstu aber die lini.l.vn
dersich gegen der lini.m.so wirdt dir ein lange stirn zwischen.k.l.vnd ein kurtze nasen zwi-
schen.l.m. Ist aber sach das du die lini.l.sten lest/vnd ruckest die zwerch lini.m.vbersich/so
wirdet aber ein kurtze nasen zwischen.l.m.aber mund vnd kin werdē lang / wirdt aber die
lini.m.vndersich geruckt/so wirdt ein lange nasen zwischen.l.m.vnd kurtz mund vnd kin.
nun mögenn die zwo lini.k.m.weyt von einander geruckt werden /also das die lini.k.sey
nahent der lini.i.vnd die lini.m.nahet der lini.n.so beleybt darzwischē die höhe des haubtz
vnd die leng des mundes mit sambt dem kin kurtz/aber die stirn vñ nasen fast lang. Weñ
du aber die zwo zwerch lini.k.m.nahent zusamē rukest/so wirdt die höhe des haubtes lang
des gleychen mund vnd kin/aber die stirn vñ nasen werden fast kurtz. Ruckest du.k.l.hoch
vbersich/so wirdt dir ein kurtz haubt vnd ein kurtze stirn.Darnach teyl zwischen.l.n.die an
dern zwerch linien durch den verkerer gleych wider eyn/so wirdt ein lang nasen/mund vñ
kin / Dem magstu gleych vmbkert widerwerdig than / so wirdt dir ein hoch haubt vnnd
lang stirn/vnd ein kutz nasen/mund vñ kin. Aber ein andre verruckung/ruck die lini.k.na-
hent der lini.i.vnd die lini.m.nahet der lini.l.vnd laß die lini.l.sten/darauß wirdt ein nider
haubt ein lang stirn ein kurtze nasen vnd lang lebs vnd kin. Thu disem widerwerdig/ruck
die lini.k.nahent der lini.l.vnd die lini. m. nahent zu der lini.n.so wirdt ein hoch haubt ein
kurtz stirn/ ein lang nasen/kurtz mund vnnd kin. In solchem wer vil anzuzeygen/das hie
vmb kürtz willen vnderlassen ist/ auch ist in disem geben vnd nemen zu mercken das man
die linen also ruck / das man die natur nit zu vil nöttig auff das es menschlich bleyb /weli-
cher anderst solch ding ins werck zihen wil/vnd wie du mit den dreyen linien.k.l.m.gehan-
delt hast/also magstu than mit den andern zwerch linien.o.p.q.r.s.so nun nach vnsern wil
len durch die zwerch linien lang vnnd kurtz zu machen wie wirß fürnemen geteylt ist vnd
die ding anderst werdē in der ersten fürgenumen vierung/doch in bar linien weyß/so mag
man die selben all vber ort zihen forn vbersich hinden vndersich/vnd widerumb/oder eins
teyls etlich gerad lassen die andern krum machen. Man mag auch die forbeschrybnen ort
lini des ersten haubtz bey der nasen verrucken wie man wil/man mag auch die gestrackten
linien brechen/vbersich oder vndersich/aber in den auffrechten fürsich oder hindersich/des
gleychen thut man mit den ort linien. In etlichen teylen magstu die linien wendenn wo du
hin wilt / du magst auch die felt zwischen den zwerch linien/in welchen teyln sie gebrochen
werden schiben fürsich oder hindersich / vbersich oder vndersich /ein yetlicher würt im gebrauch finden wo von ich red.

Das du aber verstest was ich ein gebrochne lini neñ /so merck mich also/ Ein fürgebne
lini sey.a.b.in die setz ein puncten.c.wo du hin wild/in dem brich sie von einander/ruck den
halb teyl vbersich oder vndersich/oder setz auff die for bemelten lini zwen puncten/als da ist
.c.d.das selb stück.c.d.brich herauß vbersich oder vndersich/Des gleichen ist zu brechen auß
den auffrechten linien fürsich oder hindersich/also auch in ort linien/Darumm wil ich sagen
wie man in der enderung des angesichtz die ort lini gebrochen brauche wirdet /Doch sich
for hie vnden in der figur auffgerissen die gebrochen lini/dauon oben gesprochen/vnd darnach auffgerissen die negst ob beschribnen verkerten angesicht.

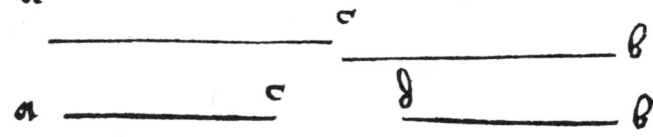

Dem Allerdurchleuchtigisten großmechtigisten
fürsten vnd herren, herren Maximilian ernelte
Römischen Kaiser vnd Haubt der cristenhait auch
zu cristenlicher kunigreich kunig vnd erb Ertz-
herzogen zu Osterreich Herzogen zu Burgunden vn
Ander mechtigen fürstenthumben vnd lande in
Europa zc zu lob vnd ewiger gedachtnus seiner er
lichen regirung sein Armuetigen großmutigkait vn
siglich vberwonnungen zst oft zeiten der eeren mit
seinen etlichen thatten gezieret zufgericht

Mit gnaden / vñ Priuilegien / derhalben außgan-
gen / hat der Allerduchleüchtigist großmechtigist Fürst /
vnnd herz / herz / Maximilian von gots genaden Er-
wölter Römischer Kayser zů allen zeitten merer des
Reichs. ꝛc. Jrer Mayestat diener Hansen Schönsperger bewilligt / vñ vergönt / das Bůch / genant
den Tewrdãck zůtrucken / damit Er seiner arbait /
kunst vnnd fleyß / dester fruchtbarer geniessen
möge / In der gestallt das Jme yemants / in
was stannds oder wesentts die seyen / solh
Bůch Tewrdannck genannt / weder mit
noch on figuren nicht nachtruckhen sollen / alles in zeyt vnd bey den penen / in
denselben Jrer Kayserlich Mayestat ꝛc. Frey haitten begriffen.

108

ABCDEFGHJKLMNOP
QRSTVXYZaaããbbBchd
deêffflgggghhħiiïjllſlmm
m̄nñ̃ooöpppp̨qqqgã̃ã̃q̃
g̃ħrʒſſſſttʄuũvxxyyʒʒʒ
ulʒ⁹=( )?:·

AABCDDEEEFGHJ
FJKKLLMHMOHNP
QRSSFTVDWYZ

a b c d e f g g h ß chi k l m n o p q
r v ſ t u v w x y z z

1 2 3 4 5 6 7 8 9 0

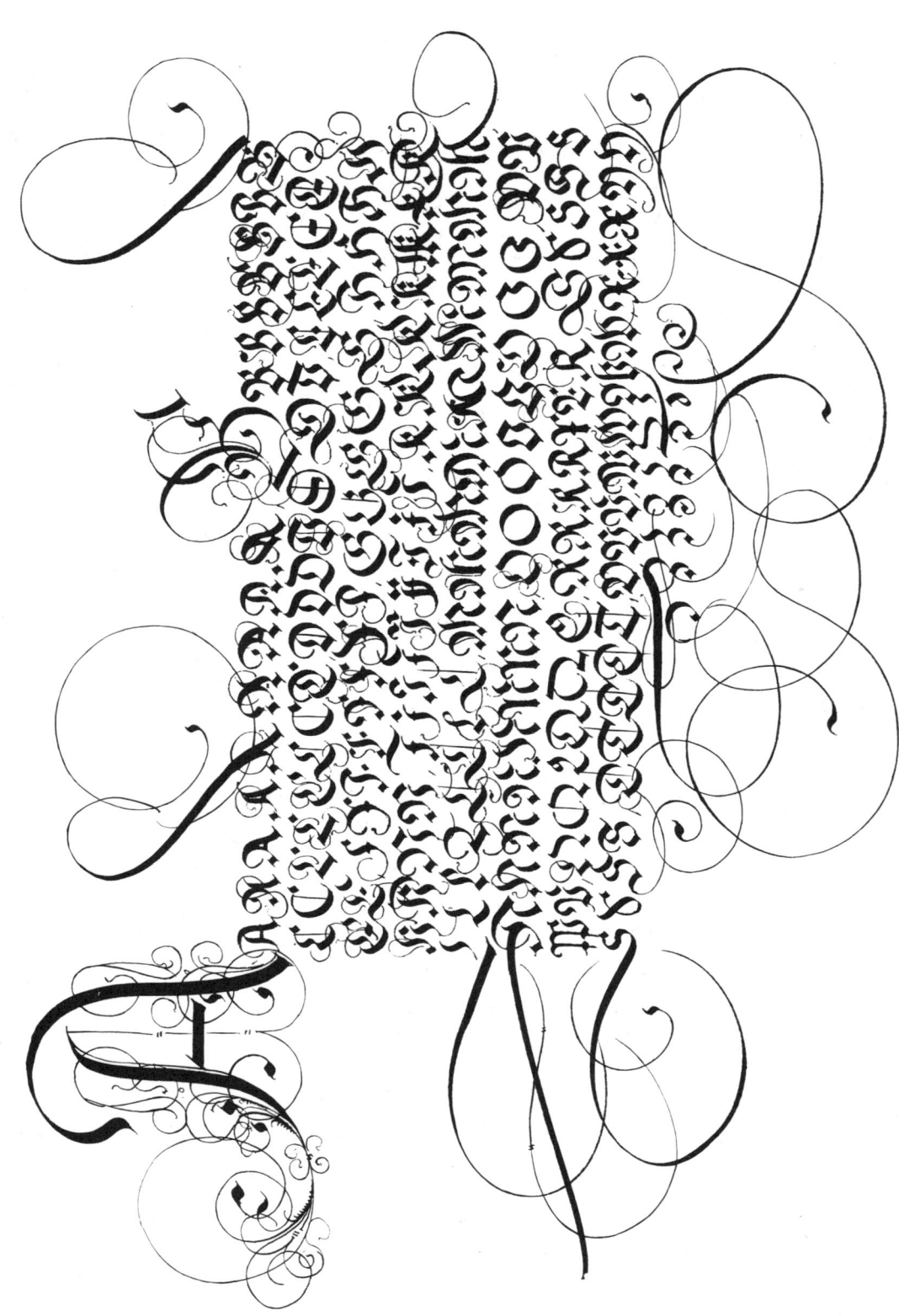

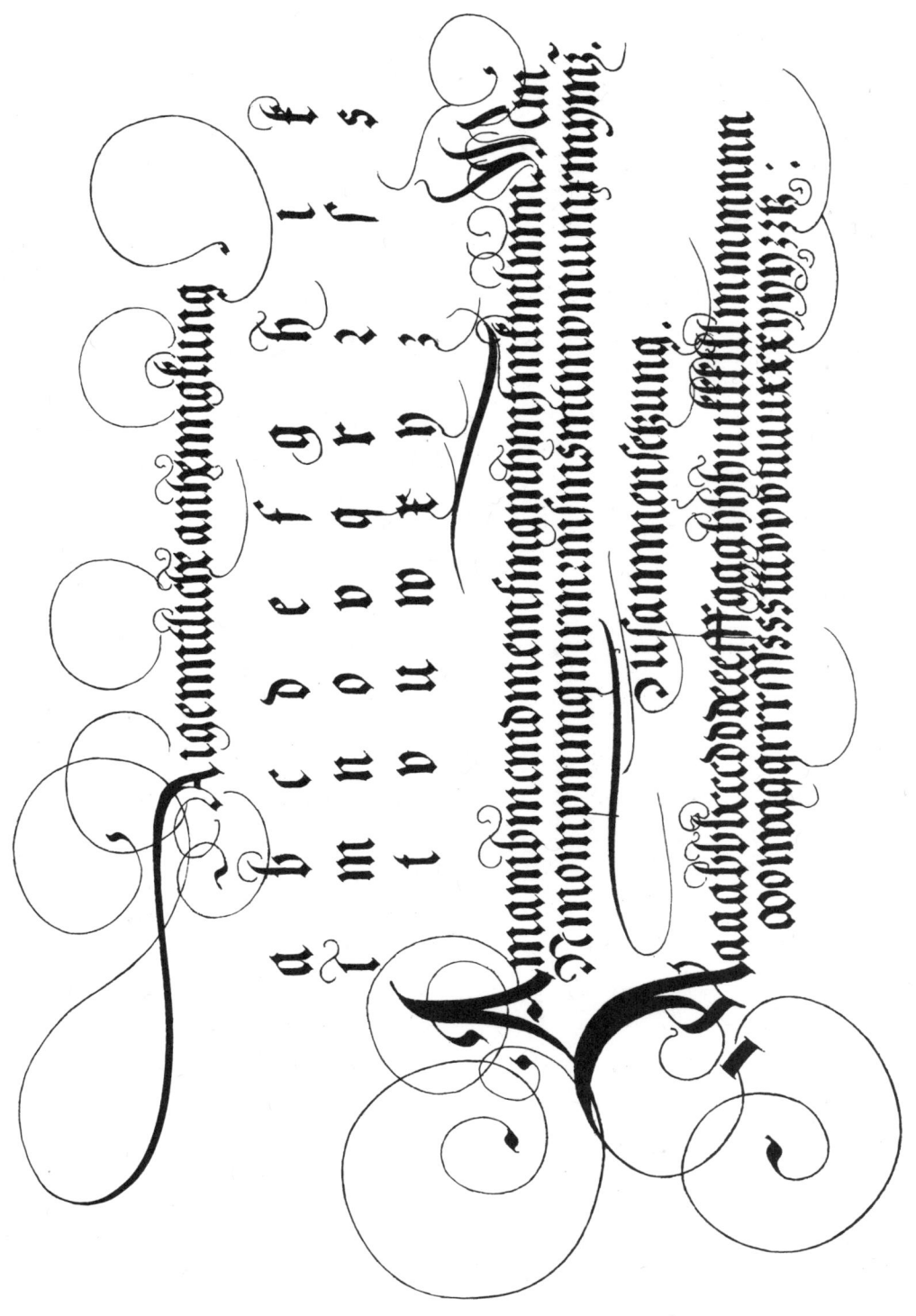

113

Ein jeglicher hat ein bestimpte zeytt zu lebē, Aber Israhels zeyt, ist one zal. ꝛc

a b c d e f g
h i k l m n o
p q r ꝛ ſ s t
v u w x y z

114

A B C D E F

G H I K L M

N O P Q R S

T V W X Y Z

v v, u ũ ů ú, w, y x, y,
z, τ, ꝫ, x̃, æ, bc bd be bg
bo bt, œ cd ct, fb ff fh fk
fl ff ft, hc ho ht, œ co œ
og ct, p p̃ pp pe po pt, sb
ff sh sk sl ss st, tt tt, ve
w, we wo wd, bc bd bg

Von Pappeln. Oleander. Aron.

Spargen. Libisch. Frawenhar.

Vachtschatten. Tamarisck. Eniß.

Rosen. Getruckt zů Basell/durch

He lenger ye lieber. Kölbleskraut.

Haſelwurtz. Quendel. Weggraß.

Zeiland. Drachen. Groß. Chriſt. A

Michael Iſingrin. Latte. ff. ſſ. fü.

Beschreibung der Venediger Co-
nun / Vrsprung vnd Regierung / wie das
erwachsen / vnd bis anher erhalten
ist worden.
Durch Donatum Gianottn Florenthinern.
Der erst Dialogus.
Vnderredner.
Herr Trifon Gabriel / Vnd Johannes Borgerinus.

Ie jenigen / so der Menschen
gebreuch zuuernemen begirig sind /
pflegen andere vnd frembde Landt
vnd Stedt zudurchziehen / zubese=
hen / vnd was sy darĩ Jres erach=
tens theur / vnd vbertreflicher wirde
halb vnbetracht mit fürzuschreitten
befinden / vleissig zubeschreibñ / Auf
das Sy durch derselben erkantnus /
nit allain destaufmerckiger vnd ge=

schickter / Sonder auch den Jenigen rais / So die Mauren Jres
Vatterlands mit lassen / lieblich vnd fruchtbar werde.   Aus
dem kombt / das Jr vil die gemainen vnd besonderen gepeu abne=
men: Etlich die alten Begrebnussen verzaichnen: Ander befleis=
sen sich zuerfaren / ob was theurs von disem oder Jenem Landt
herkomb: Etlich bringen beschriben / wann Sy etwo ain Stadt /
von natur / oder künstlicher erbawung vngewündlich befunden:
Ain Jeder verzaichnet das / zudem Er von natur mer lusts hat /
Oder aber das / welches erzelung er zum lustigisten vñ wunder=
lich zuhörn acht.   Von ainem sölchen löblichen brauch / hab ich
mich auch mit absöndern wellen / Sonder beschlossen / etwas zu
gedechtnus iñ die schrifft zubringen / Aus dem mit allain obge=

A 2   sagte

118

Hilippe, par la grace de Dieu Roy de Castille, de Leon, d'Arragon, de Nauarre, de Naples, de Secille, de Maillorque, de Sardaine, des isles Indes, & terre ferme de la mer Oceane : Archiduc d'Austrice : Duc de Bourgoingne, de Lothiers, de Brabant, de Lembourg, de Luxembourg, de Geldres, & de Milan : Conte de Habsbourg, de Flandres, d'Artbois, de Bourgoingne : Palatin & de Haynnau, de Hollande, de Zeelande, de Namur, & de Zutphen : Prince de Zwaue : Marquis du sainct Empire : Seigneur de Frize, de Salins, de Malines, des cité, Villes, & pays d'Vtrecht, d'Oueryssel, & Groeningue : & Dominateur en Asie & en Afrique. A tous ceulx qui ces presentes verront salut. Receu auons l'humble supplication de nostre chier & bien amé le Docteur Benedictus Arias Montanus nostre Chappelain domestique, contenant, comme depuis enuiron quatre ans en çà, il a esté par nous enuoyé en noz pays de par de çà, auec charge & commission expresse de faire (à l'Estilité commune de la saincte Eglise Catholicque, & à la commodité de toutes personnes studieuses des sainctes lettres) bien & deuement imprimer, par Christophle Plantin nostre prototypographe, les sainctes Bibles Catholicques, és trois langues, Hebraicque, Grecque, & Latine, auec l'entiere paraphrase Chaldaicque ancienne, & les interpretationes Latines du Grec, & du Chaldee, selon la copie des Bibles iadis imprimees en nostre Vniuersité de Complute en Espaigne, en y adjoustant les Grammaires, Dictionaires, & autres traictez, qui pourroyent plus distinctement, commodieusement, & amplement seruir, pour plus facilement apprendre les dictes langues, & les

Manuſkript=Gotiſch
(Old Black)

ABCDEFGHJK

abcdefghijklmnopqrſstuvwxyz

LMNOPQRST

ch ck ſf ſi ſl ll ſſ ſt ß z

UVWXYZ

äöü

Du biſt min, ich bin din:
des ſolt du gewis ſin.
Du biſt beſlozzen
in minem herzen:
verlorn iſt daz ſlüzzelin:
du muoſt och immer darinne ſin.

Schwabacher

ABCDEFGHIJKLMNOP
abcdefghijklmnopqrstuvwxyzäöüfffiflſiſſßſtz
QRSTUVWXYZ
1234567890

———

Über die aufmachende Anemone

Der Abend war ankommen.
Ich hatte meinen Weg bereit zu ihr genommen
Zu Ihr / zu meiner Anemonen.
Ich klopfet an.
Bald ward mir aufgethan.
Die rechte Hand trug Ihr das Licht.
Die Lincke deckt ihr Angesicht.
So balde war das tiefſt in meinem Hertzen
Verletzt von ihren göldnen Kertzen.
Wo kam ich hin! Sah ich denn in die Ferne!
Das kan ich itzund nicht ausſprechen.
Jedoch die mir das Licht getragen /
Die war die Venus ohne Tagen
Selbſelbſt mit ihrem Abend-Sterne.

David Schirmer

Luthersche Fraktur

Es werden etwan vnter die Fraktur Buchstaben / einer andern schriefft Buchstaben gemengt vnnd geschrieben / als solte sie dardurch einer andern art vnd verendert sein / die sie dann warlich wol sein mag / dunckt mich / so man ein Sammate schauben mit alten hadern flicke / es sey auch ein verenderte art / derhalben man bey jrer art bleyben mag.

ABCDEFGHJ
KLMNOPQRSTUVWXYZ
abcdefghijklmnopqrsßtuvwxyz
ádü chck fffifl ll ſiſiſßſt tz
1234567890

Es kumen die guten alten leßlichen Schriefften / so man vormals zutrucken gepflegt hat ytzt diser zeyt (von wegen der teglichen new geschnitnen Schriefften /) schier in eine verachtung / vnd werden doch offt die newen geschnitten / wie sie mügen / yedoch wann man deren gar vergessen hat / vnnd keyn newe mer erdacht kan werden / wirt man die alten Schriefften etwan wider herfür ziehen / vnnd für new schriefften an tag geben / wie schon mit andern dingen mer geschicht.   Wolffgang Fugger 1553

Centaur

ABCDEFGHIKLM
NOPQRSTU
VWXYZ

abcdefghijklmnopqrst
uvwxyzäöü
1234567890
ff fi fl &

Rotunda, omnium
scripturarum nobilissima,
vocatur etiam mater
et regina aliarum

Bembo

ABCDEFGHIJKLM NOPQRSTU VWXYZ

abcdefghijklmnopqrst
uvwxyzäöü
1 2 3 4 5 & 6 7 8 9 0
ff fi fl

Antiqua, edelste der
Schriftarten, Mutter auch
und Königin genannt
aller anderen

La Sainte
Bible.
Astronomi
que discours,
Liure
extraor.

THEATRVM
Vitæ humanæ.

ABC
DEFGHIK
LMNOPQR
STVXYZ.

abcdefghijklmn
opqrſstvuxyz:
&&ʾℰꝯffſſſfffiſiſt
(æœ)çȝꝥꝑꝥ̃ꝙꝙ

Garamont romain

ABCDEFGHIJKL
MNOPQRST
UVWXYZ

abcdefghijklmno
pqrſstuvwxyz
æ ff fi fl ß ſt œ

Vae qui ſapientes eſtis
in oculis veſtris

12345 & 67890

Garamont italique

ABCDEFGHIJKL

MNOPQRST

UVWXYZ

abcdefghijklmnopqr

ſstuvvwxyzææ

&esfffiflfrggllſpſtſiſſiſ

AuBuDuGuMuNu

PuQuRuTuUu

12345 & 67890

Aabcdefg
hhijklmno
pqrstuxyz

Turbabunt gen-
tes et timebūt
qui habitant termi-
nos à fignis tuis:exi-
tus   Io:Franc.Cref:

ABCDE
FGHIK
LMNOP
QRSTV
JUWXZ

S'ensuit la lettre bastarde.

ous auons ceste singuliere faueur de nature, que la vertu lance quelques traicts de la splendeur en l'entendement de tous : tellement que ceux qui ne la suyuent ne laissent pas de la voir. abcdefghilmnopqrstvuxyz

Il n'y a que la vertu qui soit haulte & esleuée. Elle est l'ancienne ennemie de la tombe, la trompette de la gloire, & le fondement asseuré de la noblesse.

132

ul ne deuient homme de bien à l'auenture. Il conuient aprendre la vertu. La volupté est chose vile & basse, de nul pris, commune à l'homme auec les bestes brutes, & dont les moindres & les plus contemptibles sont les plus desireuses. Quant à la gloire, c'est vne ombre & vn songe qui passe plus viste que le vent. La pauureté n'est mal, sinon pour celuy qui la porte impatiemment. La mort n'est point chose mauuaise. C'est elle seule qui faict iustice & se porte equitablement enuers le genre humain. Au regard de la superstition, c'est vn erreur brutal : elle craint ce qu'elle deuroit aimer & viole ses maistres.

134

facile à imiter pour les femmes.

Nous deuons peser et estimer les biens et faueurs que nous receuons de

Dieu, auec nos biens temporels, beaucoup plus que tous les maux qui

nous sçauroient aduenir.

Entre les anciens la pauureté ne pouuoit empescher vn homme d'estre iuste, sage, et vaillant,

et s'abusent ceux qui estiment que sans grands moyens vn homme puisse faire actes vertueux :

comme si la vertu procedoit de richesse, et le vice de pauureté.

aaabbcccddeeeffffgghhiillmmnnooppqgrrrsssfttouuxxyyzz

135

Suppa Rro

Remonstre très-humblement
a très Maⁱˢᵗᵉ la Communauté des pauvres
habitans Rᵗˢᵗ que en consideraõn
de ce qu'Ilz ont esté extraordinairemant Incommodez
par les logemans des troupes du sⁱ de Rouuaux Ilz
ont esté anciennemant exemptez de payer la subsistanᶜᵉ
pandant quatre annés consecutiues qui ont commancé

Lan Mil six Cens
Quavanir Huict Le septiesme
Iour de Ianuier auant Midy
Pardauant Nous Vincent
de Mommivault Con.er
du Roy Lieutnant general en
la senescaulcé S.t
Bonmauarume Est comparu
de S. Quintin en
Vaugarillicus S.r Dela

Janſon-Antiqua,
aus der Ehrhardtſchen Gieſserei,
um 1690 entſtanden

ABCDEFGHI
JKLMNOPQRSTU
VWXYZÆŒ
abcdefghijklmno
pqrſstuvwxyz
äöü.,:;!? fffifl & fiſſſsſt
1234567890

Nach neueren Forſchungen iſt
dieſe ſchöne Schrift von Niklaus Kis,
einem Ungarn, geſchnitten worden.

Janſon-Kurſiv,
aus der Ehrhardtſchen Gießerei,
um 1690 entſtanden

A B C D E F G H I
J K L M N O P Q R S T U
V W X Y Z Æ Œ
a b c d e f g h i j k l m n o p
q r ſ s t u v w x y z
ä ö ü . , : ; ! ? ff fi fl ll & ſi ſſ ß ſt
1 2 3 4 5 6 7 8 9 0

Kis hatte den Schriftſchnitt in Holland
erlernt; ſeine Schrift entſpricht daher den
holländiſchen Lettern der Zeit.

Union Pearl
The Most Ancient English Types

A B C D E F F G G H I J K L M N
O P 2 Qu R S T T U V W X Y Z
a b b c d d e f g h h i j k l l m n o p q
r s t u v x y z ſ ſh ſt &

O for a Booke and a ſhadie nooke,
   eyther in-a-doore or out,
With the grene leaves whiſp'ring overhede,
   or the Streete cryes all about.
Where I maie Reade all at my eaſe,
   both of the Newe and Olde,
For a jollie goode Booke whereon to looke,
   is better to me than Golde.

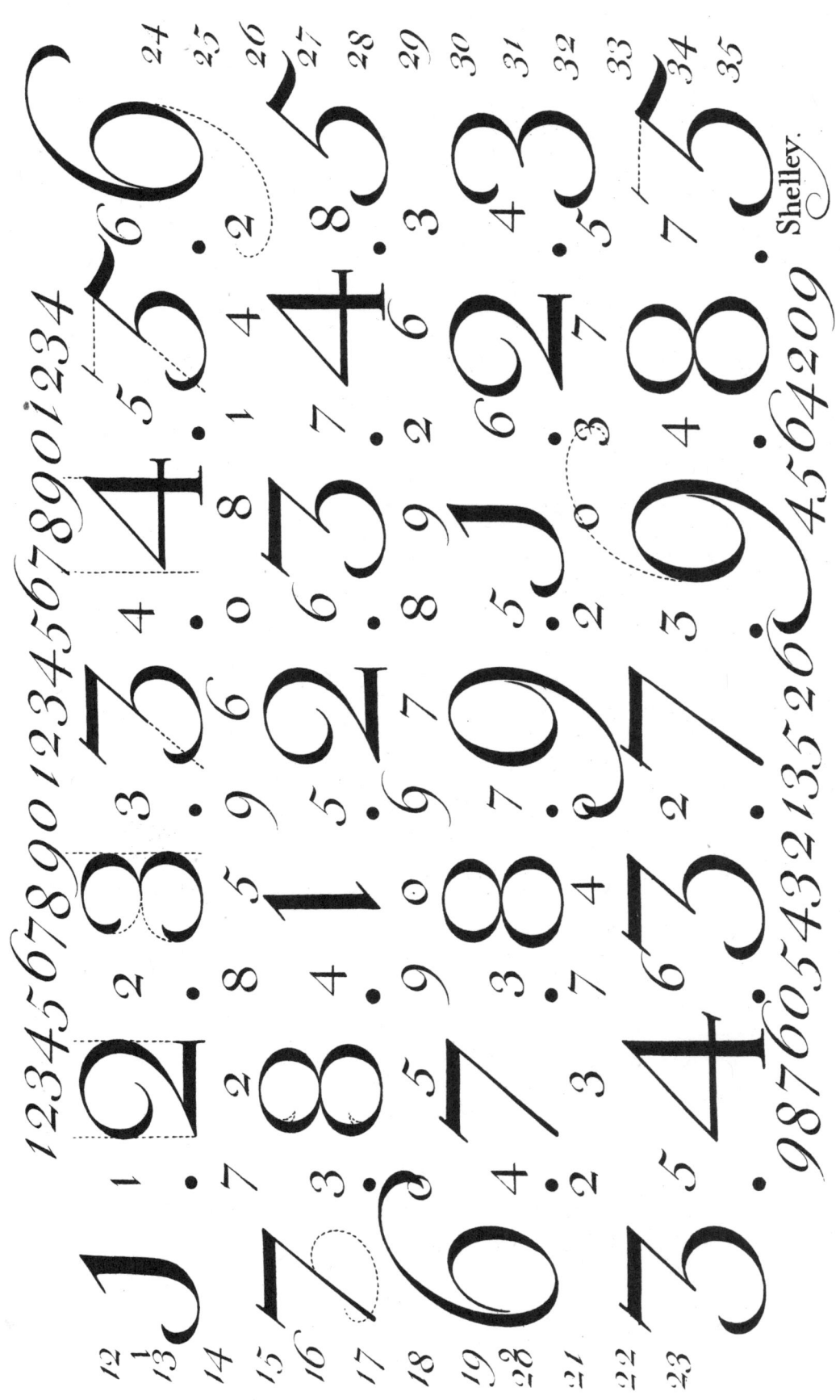

Shelley.

Caslon

abcdefghijk

lmnopqrfst

uvwxyz

1234567890

ffffifl & ffffift

äô!.ß;?æø

ABCDEF
GHIJKLM
NOPQRS
TUVWXY
ÆZØ
STERNE
YORICK

Caslon's Italic

ABCDEFGHIJ
KLMNOPQ
RSTUVWXYZ
ABCDEGKM
NPRUY
abcdefghijklmnopqr
ſstuvwxyzäöüæø
hkʋwfffifl&ſſſißſt
!ÆØŒ?

THE glory and power of Printing is not all in the past. Its influence in the present makes it a power-ful conservator of human progress.

It is a handmaiden of all the arts & industries, & a most effective worker in the world's workshop, to polish & refine the civil-isation of the age.

CARLYLE

Petra Sesonda.

Polanco F.

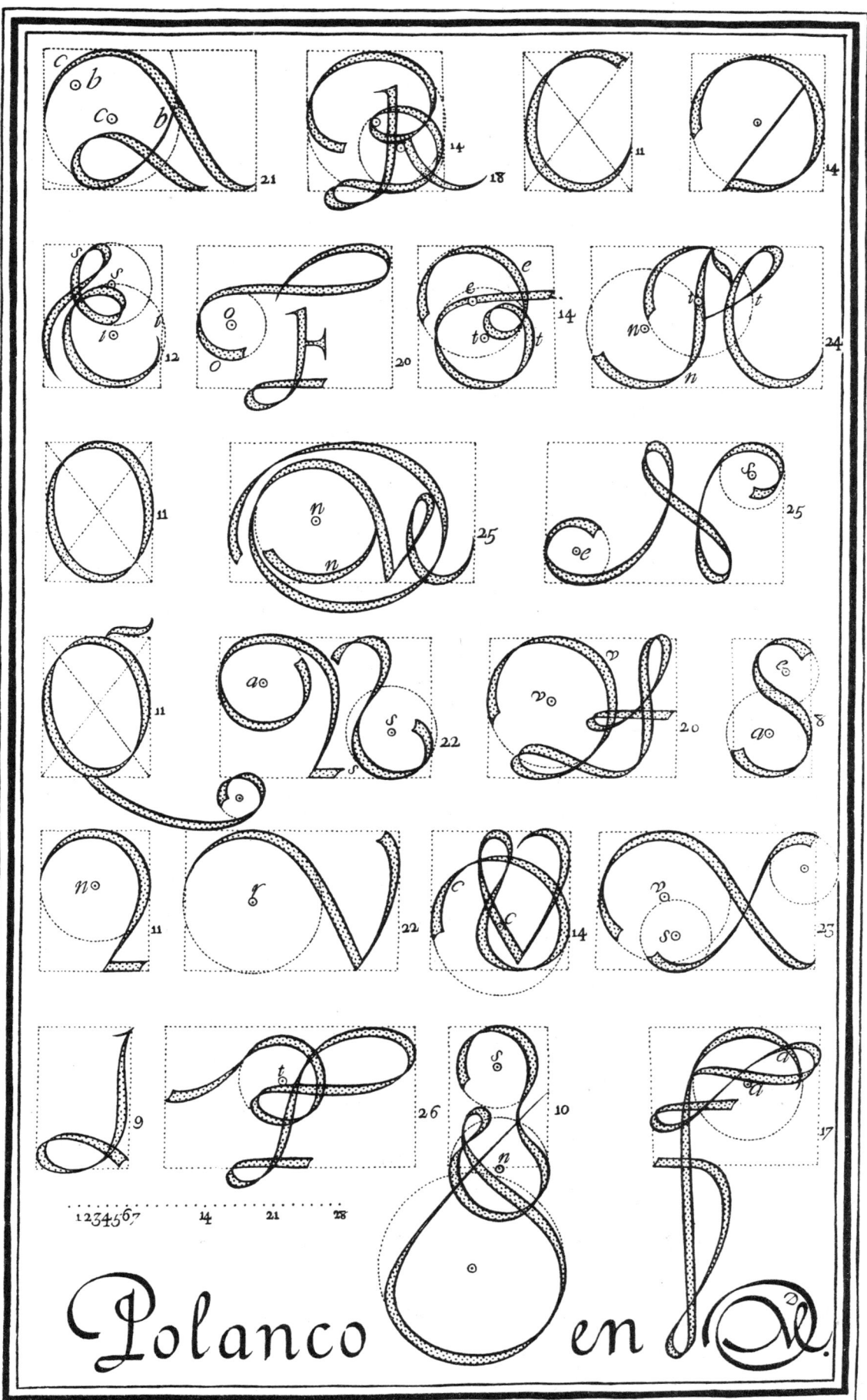

Polanco en X.

Holländische Mediäval-Antiqua
der Bundesdruckerei zu Berlin,
geschnitten von Schmidt,
wohl um 1750

ABCDEFGHIJKLMNO
PQRSTUVWXYZ
abcdefghijklmnopqrst
uvwxyzäöü
ff fi ffi ffl fl ſi ſſi ſſ ſs ſt
12345 & 67890
.,:;‘(„§†“)’?!*-

Den Geſchmack kann man
nicht am Mittelgut bilden, ſondern
nur am Allervorzüglichſten.

GOETHE

*Holländische Mediäval-Kursiv
der Bundesdruckerei zu Berlin,
geschnitten von Schmidt,
wohl um 1750*

A B C D E F G H I J K L M N O

P Q R S T U V W X Y Z

a b c d e f g h i j k l m n o p q r ſ s t

u v w x y z ä ö ü

ff fi ffi ffl fl æ œ ſi ſſi ſſ ſs ſt

1 2 3 4 5 & 6 7 8 9 0

. , : ; ' („ ſ ") ' ? ! -

*Ich will nicht, daß man gänzlich
ohne Mühe leſe, was ich nicht ohne
Mühe geſchrieben habe.*

PETRARCA

Gaza frequens Libycum
duxit Kartago duxit
Karthago triumphũ
Gaza gaza frequens fre-
quens frequens frequens
duxit duxit duxit du-
xit Karthago karthago
triumphum triũphum
agagagagagagaga

Gaza ssfrequens Lybicū
duxit Karthago tri-
umphum . Gaza ssfrre-
quens Lybicum ssu
duxit Karthago hbi
triumphum . v Gaza
ufrequens sslybicum
duxit Karthago trÿ

153

Aa Bb Cc Dd Ee E

If Gg Hh Jij Kk Le

Mm Nn Oo Pp Qg

Rr Ss Tt Vuv Xxyz

as faß aß aß pas taff r ct u

sp sti stu act us ct a ct im

á é í ó ú à è ì ò ù â ê î ô û ñ ẽ ĩ

õ ũ ã g̃ ẽ ö ü ç æ œ w g g g o

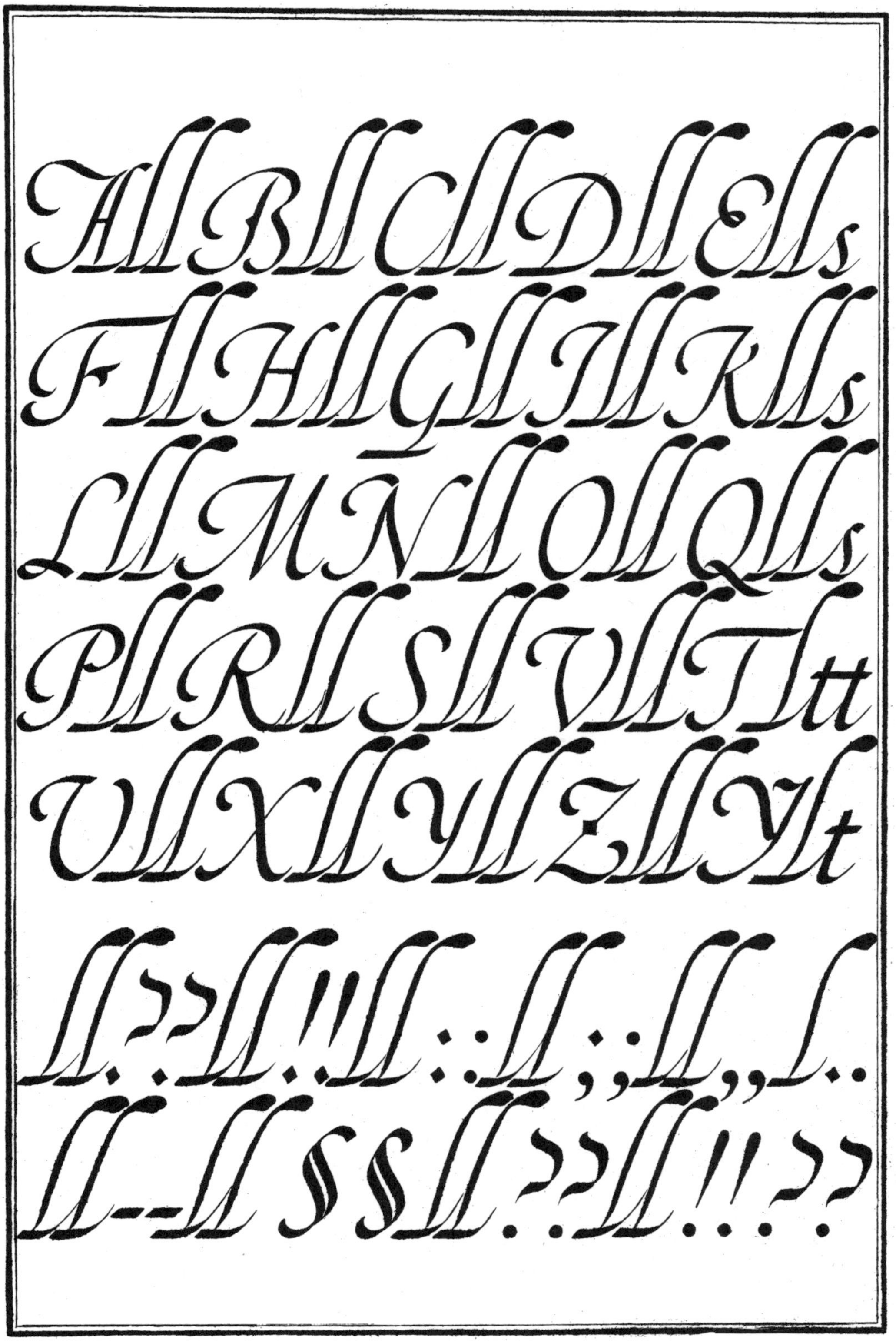

VOORBERICHT.

Reeds eenige Jaaren geleeden, heb ik ten dienfte van hun, die zich door my in 't behandelen der Viool lieten onderwyzen, de tegenwoordige Regels opgefteld. Het verwonderde my menigmaal grootlyks, dat 'er tot gebruik van een zo gewoon en by de meefte Concerten byna on= ontbeerlyk Werktuig, als de Viool met der daad is, gee= ne Handleiding ten voorfchyn kwam; daar men echter reeds overlang goede Grondbeginfels, en voornaamlyk eenige Regels aangaande de byzondere Strykmanier had noodig gehad. Het deed my dikwyls niet weinig leed, wanneer ik ondervond, dat de Leerlingen zo flecht onderweezen wa= ren, dat men niet alleen alles van 't begin af weder her=

**

haalen;

JACQUES FRANÇOIS ROSART.

MATTHIAS ROSART.

IZAAK ET JOHANNES ENSCHEDÉ.

LA VEUVE DECELLIER.

ABCDEFGHIJKLM   HIJLMNO   ABCDEGH

ABCDEFG   MRŒ   ABCDEFGI

ABCD   LPR   ABCDE

KŒH   YJR   FGHK

MFN   SE   JMLN

NUI   GB   NOPRSTU

N   NI   BLMNOPQ

FJ   IG   M

M

M

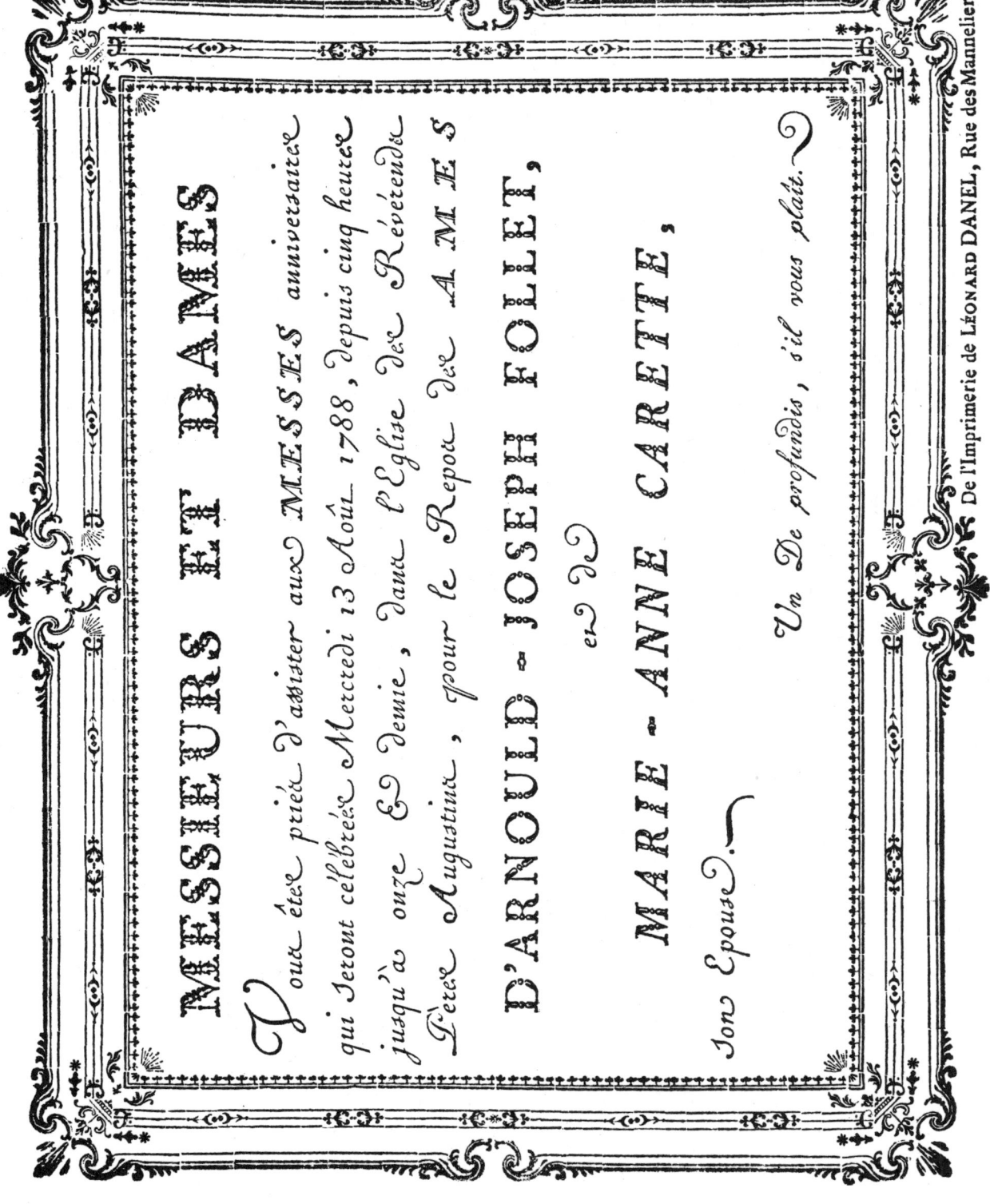

MESSIEURS ET DAMES

Vous êtes priés d'assister aux MESSES anniversaires
qui seront célébrées Mercredi 13 Août 1788, depuis cinq heures
jusqu'à onze & demie, dans l'Église des Révérends
Pères Augustins, pour le Repos des A M E S

D'ARNOULD-JOSEPH FOLLET,

en

MARIE-ANNE CARETTE,

son Épouse.

Un De profundis, s'il vous plaît.

De l'Imprimerie de Léonard DANEL, Rue des Manneliers.

The original dies of
this famous historic
design known as
Baskerville Old Face
were engraved
about 1768
£1234567890.;?!
abcdefghijklmnop
qrstuvwxyz
fiffffffifl

ABCDEF
GHIJKLM
NOPQ
RSTUVW
XYZ
Æ & Œ
DRYDEN

ABCDEFGHI
JKLMNO
PQRSTUVW
XYZ

abcdefghjkmn
opqrstuvwxyz
ff ä ffi ö fl ü ffl
12345 & 67890
Baskerville

Baskerville Italic

ABCDE
FGHIJKLMNOPQR
STUVWXYZ

Amongst the several mechanic Arts that have engaged my attention, there is no one which I have pursued with so much steadiness and pleasure, as that of Letter-Founding. Having been an early admirer of the beauty of Letters, I became insensibly desirous of contributing to the perfection of them.

John Baskerville

abcdefghijklmnopqrs
tuvwxyzäöü
12345&67890
ff fi fl

Bell Roman

ABCDEFG
HIJKLMNOPQRSTU
VWXYZ

abcdefghijklmnopqrst
uvwxyz
äöü fi ff fl æ œ
1 2 3 4 5 & 6 7 8 9 0

Typography may be defined as the craft of rightly disposing printing material in accordance with specific purpose; of so arranging the letters, distributing the space and controlling the type as to aid to the maximum the reader's comprehension of the text.
Stanley Morison

Bell Italic

A B C D E F G H I J K
L M N O P Q R S T U V W X Y Z
A & V

a b c d e f g h i j k l m n o p q r s t u
v w x y z

fi ff ffi ffl fl æ œ

1 2 3 4 5 6 7 8 9 0

Typographie ist die Kunst der rechten
und dem besondern Zweck entsprechenden Verteilung der druckenden Elemente.
Die Buchstaben müssen gut angeordnet,
der unbedruckte Raum geschickt verteilt
und die Wirkung der Schrift geprüft
werden, damit der Leser den Text so leicht
und gut wie nur möglich aufnehmen kann.

Stanley Morison

FRY'S ORNAMENTED NUMBER TWO

—

BEAUTY
IS THE VISIBLE
EXPRESSION
OF MAN'S
PLEASURE IN
LABOUR

—

ÆCGJ&KQZŒ

OLD FACE OPEN

———

ABCD
EFGHIJKLMNO
PQRSTUVW
XYZ
12345&67890

—

NEMO
ALTERIUS SIT
QUI SUUS ESSE
POTEST

BULMER ROMAN

A B C D E F G H I J K L
M N O P Q R S T U
V W X Y Z
a b c d e f g h i j k l m n o p
q r s t u v w x y z
1 2 3 4 5 & 6 7 8 9 0
ff ., fi :; fl ? ffi ! ffl

Eine der höchsten Tugenden
guter Typographie
ist unaufdringliche Eleganz

BULMER ITALIC

ABCDEFGHI*J*JK
LMNOPQRST
UVWXYZ
abcdefghijklmnop
qrstuvwxyz
1 2 3 4 5 & 6 7 8 9 0
ff., fi:; fl? ffi! ffl

*One of the greatest virtues of
good typography
is unobtrusive elegance*

Groote Canon Duyts

A B C D E
F G H I K L M N O P Q R
S C U V W X Y Z
1234567890

abcdefghijklmnopqrsßtuvw
xyz chckffffiflfiffffzßtz äöü

Geschnitten von
Joan Michael Fleischmann
in Haarlem 1748
(,;:.!?)

Didot-Antiqua

ABCDEFGHIJK
LMNOPQRSTU
VWXYZÆŒ

abcdefghijklmno
pqrſstuvwxyz
äöüæœ

.,!fl fi & ﬀ ﬁ ﬅ ſs ?:;

KRYSTALLINE

1234567890

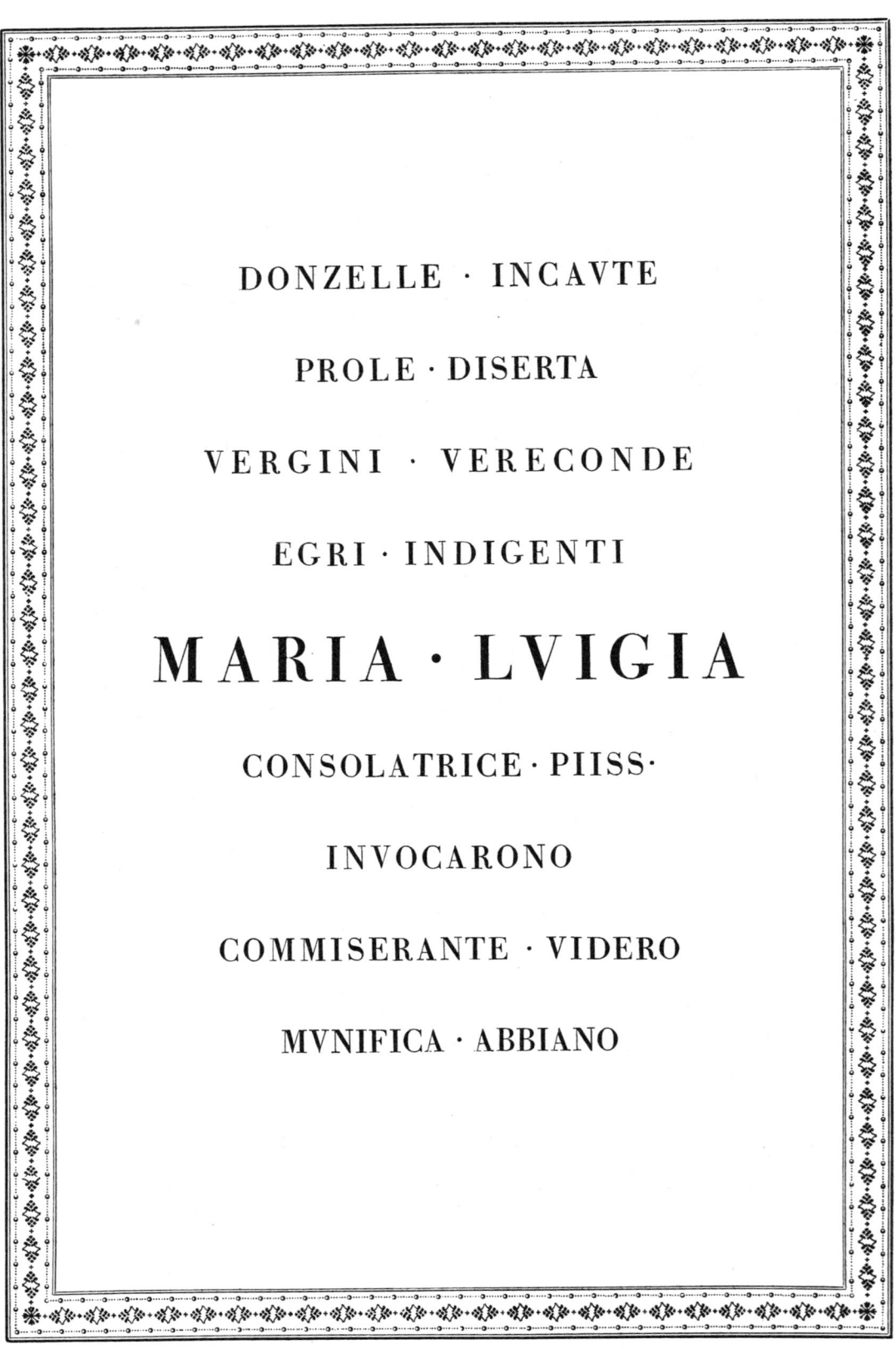

DONZELLE · INCAVTE

PROLE · DISERTA

VERGINI · VERECONDE

EGRI · INDIGENTI

MARIA · LVIGIA

CONSOLATRICE · PIISS·

INVOCARONO

COMMISERANTE · VIDERO

MVNIFICA · ABBIANO

PARMA
CO' TIPI BODONIANI
MDCCCXVI.

ABCDEF

GHIKLMN

Wenn man die Schriften Bodonis ansieht, bestaunt man diese Meister-
schaft einer so apart spezialisierten Phantasie; dieser Mann hat mit
dem Mittel der Buchstabenformen gesungen, geflötet, getanzt und
gebaut! Nicht nur als Schriftschneider war er groß, sondern ebenso
als Drucker. *Er ist der eigentliche Begründer des Begriffes vom schönen
Buch für die neuere Zeit, des Buches, das seine Schönheit nicht dem
Schmuck, den Bildern, dem Material der Einbände, dem Aufwand an
Gold verdankt, sondern rein der Würde und dem Reiz vollendeter
handwerklicher Leistung. Hermann Hesse*

OPQRSTU

VWXYZ

1234567890

BODONI-ANTIQUA

ABCDEFGHIJKL MNOPQRSTU VWXYZ

abcdefghijklmnop qrstuvwxyz 12345&67890 ffäfiöflüft

Keine Kunst hat
mehr Berechtigung, ihren Blick auf
die künftigen Jahrhunderte zu
richten als die Typographie.

BODONI-KURSIV

A B C D E F G H I J K L

M N O P Q R S T U

V W X Y Z

a b c d e f g h i j k l m n o p

q r s t u v w x y z

1 2 3 4 5 & 6 7 8 9 0

ff ä fi ö fl ü ft

Denn was sie heute schafft,
kommt der Nachwelt nicht weniger
zugute als den lebenden Geschlechtern.
Giambattista Bodoni

Firmin Didot

ABCDEFGHIJ

KLMNOPQRS

TUVWXYZ

abcdefghijklmno

pqrstuvwxyz

1234567890

fi & fl

Imprimerie

ABCDE

FGHIJK

LMNOP

QRSTU

VWXYZ

NOIR

ABCDEFGH
JKLMNOPQRSTU
VWXYZ

abcdefghijklmnopqrstuv
wxyz äöü
([. , : ; ch ck ff fi fl si ss ß st tz - ? ' !])
1234567890

Ich muß freimütig bekennen, daß nur die große Vorliebe für
meine Kunst mich bei den vielen, oft undankbaren, Arbeiten tätig
erhält. Aufmunterung durch meine Landsleute, besonders durch
meine Kunstgenossen, tut es wahrlich nicht, deren oft nieder=
schlagende Urteile viel eher allen Antrieb zu diesen Versuchen
in mir zu ersticken vermögen. Indes sollen mich häufige, schon
erfahrne, Widerwärtigkeiten nicht abhalten, alle meine Kräfte
zur Vervollkommnung der Buchdruckerkunst anzuwenden.
Johann Friedrich Unger

Walbaum-Fraktur

ABCDEFGHJ
KLMNOPQRSTU
VWXYZ

abcdefghijklmnopq
rsstuvwxyzäöü
(.,:;ch ck ff fi fl ll si ss ß st tz?'!)
1234567890

Keine Kunst braucht zur Vollendung mehr Liebe als die Kunst
der Letter, keine mehr Innerlichkeit und mehr Demut. Sie selbst
denkt nicht ans Strahlen. Das unsichtbar Geistige soll leuch-
ten. Die Wortwunder der Dichter und Weisen werden durch sie
lebendig und geben ab von ihrem Mut, ihrem Märchenglanze,
ihrer Wahrhaftigkeit und Kraft jedem, der will.

Christian Heinrich Kleukens

ABCDEFGHIJK
LMNOPQRST
UVWXYZ

A quick brown fox
jumps over the
lazy dog
12345 & 67890
(æœ.;!?fi ff fl äöü)
JEAN PAUL

WALBAUM-KURSIV

A B C D E F G H I J K L M N O P Q R S T U V W X Y Z

Wenn Sie wüßten, wie roh selbst gebildete Menschen sich gegen die schätzbarsten Kunstwerke verhalten, Sie würden mir verzeihen, wenn ich die meinigen nicht unter die Menge bringen mag. Ohne daran zu denken, daß man ein großes Blatt mit zwei Händen anfassen müsse, greifen sie mit einer Hand nach einem unschätzbaren Kupferstich, einer unersetzlichen Zeichnung, wie ein anmaßlicher Politiker eine Zeitung faßt und durch das Zerknittern des Papiers schon im voraus sein Urteil über die Weltbegebenheiten zu erkennen gibt. Niemand denkt daran, daß wenn nur zwanzig Menschen mit einem Kunstwerke hintereinander ebenso verführen, der einundzwanzigste nicht mehr viel daran zu sehen hätte. (Goethe in den Wahlverwandtschaften)

abcdefghijklmnopqrstuvwxyz

1 2 3 4 5 œ & œ 6 7 8 9 0

(.,;!?fi ff fl ä ö ü)

Gras Vibert

ABCDEFGHI
JKLMNOPQ
RSTUWXYZ
abcdefghijklmn
opqrstuvwxyz
1234567890
Romain

Gras Vibert

ABCDEFGHI
JKLMNOPQR
STUVWXYZ

abcdefghijklmno
pqrstuvwxyz

1234567890

et italique

SANS SERIFS SHADED

ABCDEFGH

IJKLMNOPQRS

TUVWXYZ

1234567890

:;Æ£Œ!?

PENS MAY BLOT

BUT THEY CANNOT

BLUSH

SOIERIES, SCHALS, NOUVEAUTÉS,
PERSES MOUSSELINES ET DAMAS.

G. JUILLARD

PLACE GUTENBERG   N.º 3,   STRASBOURG.

THORNE SHADED

ABCD
EFGHIJK
LMNOP
QRSTUV
XYZ

12345&67890

ENGRAVED PROBABLY

ABOUT 1810

Thorowgood Italic

ABCDE

FGHIJKLM

NOPQR

STUVWXYZ

AMNVWY

abcde

fghijklmnopqr

stuvwxyz

fifffi

ABCDE
FGHIJK
LMNO
PQRSTU
VWXYZ
12&34
567890

INITIALES
NORMANDES
LARGES

ABCDEF
GHIJKLM
NOPQRS
TUVWXYZ
3456790
1828

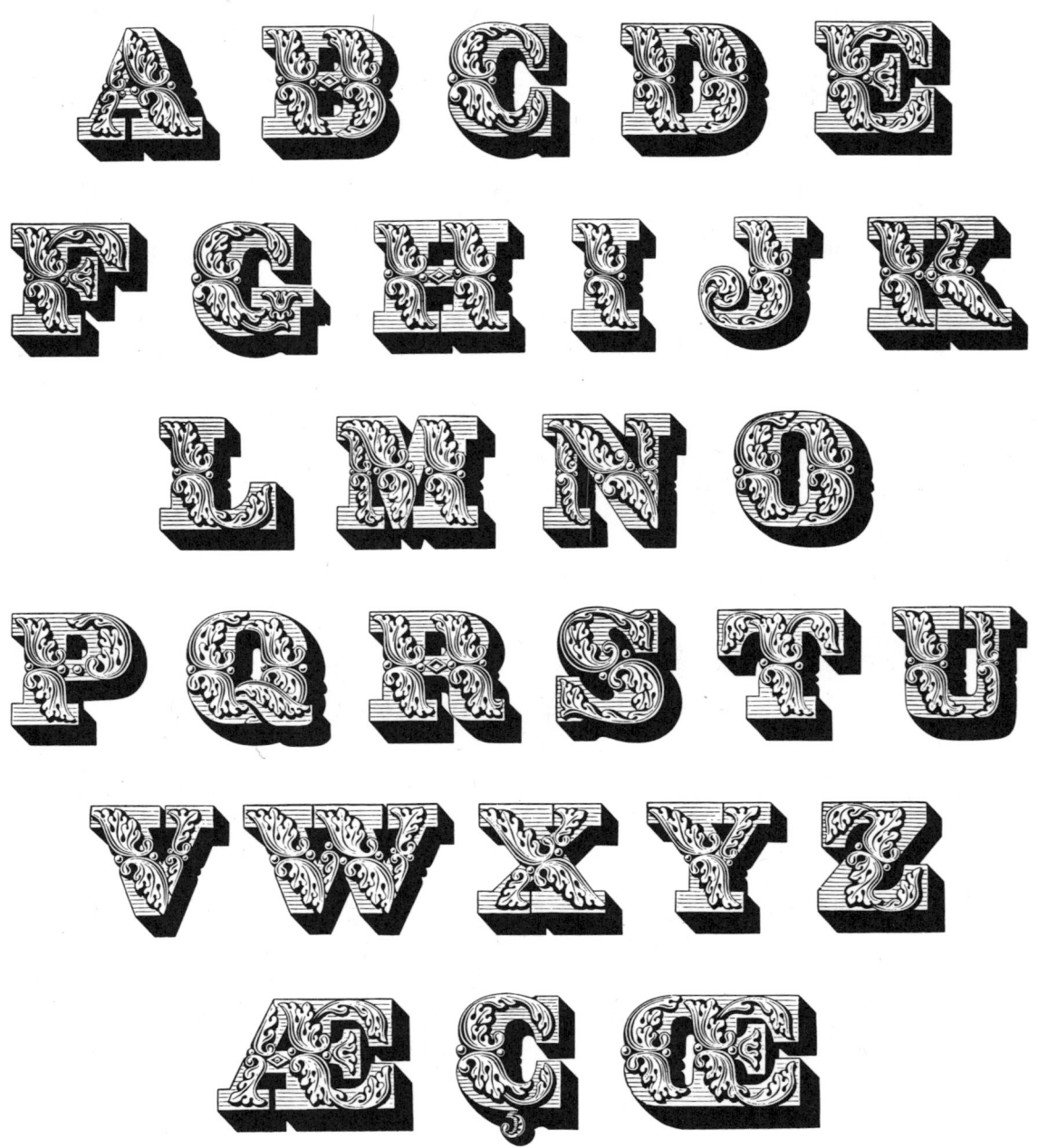

ROMANTIQUES

ABCDEF
GHIJKLM
NOPQRST
UVWXYZ
1234567890

ABCDEFGHI
JKLMNOPQRSTUVWXYZ
1234567890

ABCDEFGHI
JKLMNOPQRS
TUVWXYZ
abcdefghijklmn
opqrstuvwxyz
1234567889
L'avenir commence
à l'instant

ABCDEFG
HIJKLMNOP
QRSTUVW
XYZ
abcdefghijk
lmnopqrstu
vwxyz
1234567890
DAUMIER

ABCDEFGHIJ
KLMNOPQRSTU
VWXYZ
abcdefghijkl
mnopqrstuvwxyz
1234567890

A force d'étudier les vieilles choses,
on comprend les nouvelles

ABCDEFG
HIJKLMNO
PQRSTUV
WXYZ
abcdefghijk
lmnopqrstu
vwxyz
1234567890

Qui poursuit de petits avantages,
néglige les grandes choses

M M M M

HOME

LOTTERY

MEDICINE

BRIGHTON

MAMA

GREAT BRITAIN

CHESTERFIELD

PLAYBILL
ABCDEFGHIJKL
MNOPQRST
UVWXYZ
1234 5 & 67890
abcdefghijklmnop
qrstuvwxyz
Stephenson Blake

CONSORT LIGHT
in seven sizes, from 6 to 30pt

·•◦•●•◦•·

A B C D E F G H I
J K L M N O P Q R S T
U V W X Y Z
A quick brown fox
jumps over the lazy dog
æ (.,:;' fi fl ffi ÆE & ŒE ffi ffl -!?] œ
I pack my box with
five dozen liquor jugs
1234567890
This is 30 point

·•◦•·

STEPHENSON BLAKE
SHEFFIELD AND LONDON

Clarendon

ABCDEFGHI
abcdefghijklm
JKLMNOPQR
nopqrstuvwxyz
STUVWXYZ
æ&œøfiflß
ÆØŒ
HORA FUGIT
1234567890

Taille-douce

A B C D E F G H I
J K L M N O
P Q R S T U V W
X Y Z

a b c d e f g h i j k l m n o p q r
s t k u v w x y z
1 2 3 4 5 & 6 7 8 9 0

Der Mensch ist ein Federvieh,

denn gar mancher zeigt, wie er a Feder

in d'Hand nimmt, dass er ein Vieh ist.

Nestroy

A B C D E

F G H I J K

L M N

O P Q R S T U

V W X Y Z &c

abcdefghyklmnopqrstuvwxyzzz

Französische Grotesk

ABCDEFGHIJKLM
NOPQRSTUV
WXYZ

1234567890

abcdefghijklmnopqr
stuvwxyz&äöü

Von Kindheit an hatte
ich eine Vorliebe fürs Lesen,
und das wenige Geld, das in
meine Hände kam, legte
ich durchaus in Büchern an.

Benjamin Franklin

Kompakte Grotesk

ABCDEFGHIJKLM
NOPQRSTUV
WXYZ
1234567890
abcdefghijklmnopq
rstuvwxyz&äöü

Bücher sind kein Spiel-
zeug für mich, sondern
Handwerksgeräte, ge-
hören zu meines Lebens
Nahrung und Notdurft.

Johann Georg Hamann

Gill Sans

ABCDEFHIJ
KLMNOPQR
TUVWXYZ
1234567890
abcdefghi
jklmnopqrstu
vwxyz&

ABCDE FGHIJKL MNO PQRSTU VWXYZ SANS

Perpetua Roman

ABCDEFGHI
JKLMNOPQRST
UVWXYZ
abcdefghijklmnop
qrstuvwxyz
1234&67890
ffäfiöfl

Langsame Arbeit
schafft feine Ware

Perpetua Italic

ABCDEFGHI
JKLMNOPQRST
UVWXYZ

abcdefghijklmnopq
rstuvwxyz

12345 & 67890

fi ff fl ffl ffi

Ein Weiser lernt selbst
von den Reden der Toren

Weiß-Antiqua

ABCDEFGHIJKLM
NOPQRSTUV
WXYZ

abcdefghijklmnopqrst
uvwxyzäöü
chck&&&ffffifl&ß
1234567890

The essential qualities of
Lettering are legibility, beauty,
and character.
Edward Johnston

Weiß-Kursiv

A A B C D E F G H I J K L

M N O P Q Qu R S T U V

W W X Y Z Th

a b c d e f g h i j k l m n o p q r s t

u v w x y z ä ö ü

ch ck ct et ff fi fl ft ß st & e m n t

1234567890

Die wesentlichen Eigenschaften

guter Schrift sind

Leserlichkeit, Schönheit und Eigenart.

Edward Johnston

ABCDEF

GHIJKLMN

OPQRST

UVWXYZ

SCIRE

NOSTRVM

REMINISCI

WEISS-KAPITALE MAGER

ABCDEE

FGHIJKLMN

OPQRSTU

VWXYZ

LEGENDO

· ET ·

SCRIBENDO

WEISS-LAPIDAR MAGER

Graphik

A B C D E F G H
F K L M N O P Q R S
T U V W X Y Z

a b c d e f g h i j k l m n o p q
r s t u v w x y z
ä ö ü ch ck ff ll ß tz & . , ; ; ! ?
1 2 3 4 5 6 7 8 9 0

Frisch begonnen,
halb gewonnen

GRAPHIQUE

ABCDEFGHIJ

KLMNOPQRS

TUVWXYZ

1234567890

EIDENBENZ

OPTIMA

ABCDEFGHI JKLMNOPQRSTU VWXYZ

abcdefghijklmno pqrstuvwxyz ([.,:;«åffäfiöftüßø»?'!]) 12345 æ & œ 67890

Satz ohne Einzüge ist undeutlich.
Einzüge helfen dem Leser und sichern
für immer die Ordnung des Textes.

JAN TSCHICHOLD

ABCDEFGHIJKL

MNOPQRSTUVWXYZ

abcdefghijklmnopqrstuvwxyz

12345 & 67890

Une composition sans rentrées nuit à la clarté du texte.
Les renfoncements aident le lecteur et, seuls,
garantissent pour toujours l'ordre voulu du texte.

———

ABCDEFGHIJKL

MNOPQRSTUVWXYZ

abcdefghijklmnopqrstuvwxyz

12345 & 67890

Flush paragraphs reduce clarity
Indentations are the reader's aid and alone ensure
correct division of the text for all time.

UNIVERS 55

ABCDEFGHIJK
LMNOPQRSTU
VWXYZ

abcdefghijkl
mnopqrstuvwxyz
1234 5 & 67890

——

Quum chartae
maxime usu humanitas
vitae constet et memoria
PLINIUS

UNIVERS 65

ABCDEFGHIJK
LMNOPQRSTU
VWXYZ
abcdefghijklm
nopqrstuvwxyz
12345 & 67890

Papier hütet
die Zivilisation und
die Erinnerung an das
Vergangene

Minerva Roman

A B C D E F G H I J K L
M N O P Q R S T U V W
X Y Z

abcdefghijklmnopqrst
uvwxyz
fi ff fl & ffi ffl
12345 , . : ; ! ? 67890

The world's simplest and most
ancient letterpress print was the
fingerprint. Its unmistakable
individuality was known in China
long before the Christian era.

Minerva Italic

A B C D E F G H I J K L
M N O P Q R S T U V W
X Y Z

abcdefghijklmnopqrst
uvwxyz
&
12345 , . : ; ! ? 67890

L'épreuve typographique la plus
ancienne et la plus simple du monde
est l'empreinte du doigt encré.
Son caractère individuel était connu
en Chine bien avant notre ère.

Antiqua, Urbild
unsrer Druckschrift
inmhulocdqeapb
rsgfffftttvwxy
.,:; jzkß -!?
1234567890
ILHEFTUOCQGD
SJPBRKNMVW
AXYZ

A drama gain many want tailor
at neck eject member ease see creep
mile lion mind pine hive iris vivid
none home moan loam droop does
used turn just fun suit upon future
anniversary banister counterpane
dictionary excitement firmament
garment handwriting invitation
journey kindness leader manner
navigation operator perambulator
quarter recitation sunshine trees
under vinegar winding yesterday

Eastbourne Exeter Faversham Hove
Ipswich Lowestoft London Torquay
Aldershot Kidderminster Maldon
Newbury Nuneaton Windsor York
Croydon Gillingham Oxford Dover
Penzance Bolton Rochdale Saltash
Amazon Borneo Canada Denmark
Egypt France Gemini Holland Iraq
Jupiter Kiel Latvia Mediterranean
Niagara Ohio Popocatepetl Quebec
Russia Sweden Tasmania Uranus
Vesuvius Wales Yangtse Zambesi

COLUMNA
VERSALIEN

ABCDE
FGHIJKLM
NOPQ
RSTUVW
XYZ

ROMULUS
KAPITALEN

—

ABCDE
FGHIJKLM
NOPQ
RSTUVW
XYZ

BEMERKUNGEN ZU DEN TAFELN

49. *Römische Kapitalschrift.* Grabstein eines Flöten-spielers. Römisch, 1.Jahrhundert n.Chr. Köln, Wallraf-Richartz-Museum. Schönes Beispiel einer einfachen aber sorgfältigen Schriftanordnung. Um einer Eintönigkeit entgegenzuwirken, hat der Steinmetz die erste Zeile größer gehalten als den Rest.

50 und 51. *Römische Kapitalschrift.* Teile aus der In-schrift der Trajanssäule in Rom. 114 n.Chr. Die In-schrift ist eine rechteckige Tafel; sie ist ein wenig über einer Pforte am Fuße der sehr hohen runden Säule, um die sich bildliche Darstellungen spiralig schlingen, an-gebracht. Die Inschrift gilt mit Recht als die schönste aller altrömischen Schriften und darf als beste Grund-form unserer Schriftentwicklung angesehen werden. Wir müssen nicht nur die große Schönheit der einzel-nen Buchstaben bewundern und studieren, sondern uns auch den Rhythmus der Buchstaben untereinander, das heißt, die manchem vielleicht ungewohnten kräfti-gen Abstände zwischen den Buchstaben sorgfältig an-sehn und uns zur Richtschnur nehmen. Da die oberste Zeile der Inschrift etwa 2 Meter über Augenhöhe steht, sind die oberen Zeilen größer als die unteren gehalten, damit der Eindruck gleich hoher Zeilen entsteht. Die Buchstaben der obersten Zeile sind etwa 11 cm hoch.

52 und 53. *Römische Kapitalschrift.* Hier das sorgfäl-tig nachgezeichnete Alphabet der Inschrift der Trajans-säule (Seite 50 und 51). Für die fehlenden Buchstaben gebe ich passende Formen in Umrissen. Die alten Rö-mer kannten J, U, W und Z überhaupt nicht, H und K waren selten. Die Lage der Anschwellungen zeigt, daß die Buchstaben mit einem breitfederartigen Pinsel vor-geschrieben wurden; denn es gibt keine rein techni-schen Gründe für das An- und Abschwellen der Striche in gemeißelten Schriften.

54a. *Capitalis quadrata* (Römische Quadratschrift). Virgil, Georgica. Vatikan, Vat. lat. 3256 (Codex Augu-steus). Wirkliche Größe. «Gerade» Federhaltung. Rö-mische Breitfederschrift, weniger formal als die Schrift der Trajanssäule, doch von ähnlich feierlich-gemesse-ner Haltung.

54b. *Capitalis quadrata* (Römische Quadratschrift). Virgil, Georgica. 4.Jahrhundert. St. Gallen, Stiftsbi-bliothek, cod. 1394. «Schräge» Federhaltung.

54c. *Capitalis rustica* (Rustika). Prudentius, Hymnus. 5.Jahrhundert. Paris, Bibliothèque Nationale, cod. lat. 8084. Sehr schräge Federhaltung. Der Schriftname be-deutet «bäuerlich», was wohl im Sinne von «einfach, primitiv» zu verstehn ist.

55a. *Ältere römische Kursive.* Aus einer Quittung auf Papyrus, 167 n.Chr. London, P. 730.

55b. *Unziale.* 5.Jahrhundert, Frankreich.Vatikan,Vat. lat. 7223. Wirkliche Größe. Der Name wird von *uncia,* Zoll, abgeleitet.

55c. *Schrägfeder-Unzialschrift.* 4.Jahrhundert n.Chr. Berlin, Ms. theol. lat. fol. 485 (Quedlinburger Itala-Frag-

mente). Annähernd wirkliche Größe. Diese Majuskel-form erhielt ihre Flüssigkeit durch die Rundungen der A, D, E, G, H, M und V.

56a. *Unziale.* Matthäus-Evangelium. 8.Jahrhundert. Paris, Bibliothèque Nationale, cod. lat. 281. Sehr form-vollendete, daher langsame Schrift von «gerader» Fe-derhaltung.

56b. *Jüngere römische Kursive.* Reskript des Diocletian und des Maximian. Auf Papyrus. Mitte des 4.Jahrhun-derts. Leipzig, P. 530.

56c. *Halbunziale.* 6.Jahrhundert, Süditalien. Vatikan, cod. vat. 3375. Der Name deutet an, daß die Schrift nur eine halbe Majuskel- oder nur eine halbe Minuskel-schrift ist. Schneller schreibbar als die Unziale. Bereitet den Schritt zur Minuskel- oder Kleinbuchstabenschrift vor.

57. Die Schrift des *Book of Kells.* Irisch-angelsächsi-sche Halbunziale. Vermutlich 7.Jahrhundert. Dublin, Trinity College. Volle Größe. Nach dem Faksimile des Book of Kells, Urs-Graf-Verlag, Bern.

58. *Karolingische Minuskel.* Um 870. Nordfrankreich. Aus der Zweiten Bibel Karls des Kahlen. Paris, Biblio-thèque Nationale, cod. lat. 2.

59. *Karolingische Minuskel.* 9.–10.Jahrhundert.Evange-liar von Metz. Paris, Bibliothèque Nationale, cod. lat. 9388.

60. *Unziale.* Aus «Gregorius Magnus Papa, Liber sa-cramentorum». Wien, Nationalbibliothek, cod. 358. Schrift gold, Rahmen in Gold und Farben. Ohne die vol-len Ränder. Wirkliche Größe. Nach R. Beer, «Monumen-ta Palaeographica Vindobonensia», Leipzig 1910–13.

61. *Karolingische Minuskel* mit *Rustika* und *«aufgebau-ten» Versalien* (Zeile 3–5). Capitularium des Ansegisus. Französisch, 9.Jahrhundert, nach 873. Ehemals Samm-lung Sir Thomas Phillipps. Verkleinert.

62. *Späte karolingische Minuskel,* Übergang zur Früh-gotisch. Salzburgisch, Mitte des 12. Jh. Anfang des Jo-hannes-Evangeliums aus dem Perikopenbuch von St. Erentrud in Salzburg, jetzt in der Bayrischen Staatsbi-bliothek (cod. lat. 15903). Das Symbol des Evangelisten Johannes bildet den Anfangsbuchstaben I(n principio erat verbum).

63. *Rundgotisch.* Seite aus einer englischen Hand-schrift aus dem Ende des 13.Jahrhunderts. Kielfeder-schrift, Pergament. Gewerbemuseum Darmstadt. An-nähernd wirkliche Größe.

64. *Deutsche Texturtype* aus der Druckerwerkstatt des Albrecht Pfister in Bamberg (Beginn des Streitgesprächs zwischen Ackermann und Tod von Johannes von Saaz). Um 1462. Etwas verkleinert. Das Absatzzeichen im un-tern Drittel und die beiden Initialen sind im Original rot.

65. *Deutsche Texturtype* aus der Druckerwerkstatt des Johann Numeister in Mainz (Johannes de Turrecremata, Meditationes), 1479. Wirkliche Größe. Die Illustration

ist ein Metallschnitt. Der Platz des Initials (I) ist noch ungefüllt; diese Buchstaben wurden in der ersten Zeit des Buchdrucks farbig mit der Hand eingeschrieben.

66. Sogenannte *Bastarda,* eine Abart der Schwabacher, aus der Werkstatt des Johann Schönsperger (Äsop, Fabeln), 1491. Vollkommener Zusammenklang von Schriftsatz und Holzschnitt.

67. *Textur.* Titel des Registers zu Hartmann Schedels Chronik. Nürnberg, Anton Koberger, 1493. Nach einer kalligraphischen Vorlage in Langholz geschnitten. Volle Größe.

68. *Texturtype* des *Henrik Lettersnider.* Um 1495. Das Blatt gibt eine Seite aus der Chronik von Brabant, Antwerpen 1497 (nach Ch. Enschedé, «Fonderies de Caractères...», Haarlem 1908) in voller Größe wieder. Die Schrift, eine Textur von niederländischer Prägung, bildet ein enges Gewebe. Dieser Wirkung verdankt die Schriftart ihren Namen (von lat. *textum,* Gewebe). Die Schrift ist eine der beiden ältesten Texturtypen, von denen sich die Matrizen bis auf unsere Tage erhalten haben. Sie gehören jetzt der Lettergieterij Joh. Enschedé en Zonen in Haarlem.

69. *Textur.* Titel des Buches «De pluribus claris etc. mulieribus» des Jacobus Philippus Bergomensis. Ferrara, Laurentius de Rubeis de Valentia. 1497. Holzschnitt. Etwas verkleinert. Wirkliche Höhe der ganzen Zeichnung 26,1 cm.

70. *Große deutsche Texturtype* aus der Werkstatt der Johann Fust und Peter Schöffer in Mainz (Psalter von 1457). Teil einer Seite; rechts, oben und unten beschnitten. Wirkliche Größe, die großen Versalien lombardischer Form sind im Original rot.

71. Oben: *Ein Texturalphabet* mit Ligaturen (Buchstabenverbindungen) aus der Werkstatt des Konrad Kachelofen in Leipzig, um 1495. Wirkliche Größe.

71. Unten: Texturtype aus der Werkstatt des Steffen Arndes in Lübeck (Historia de compassione Beatae Mariae Virginis), 1495. Wirkliche Größe. Das I in der Mitte und die beiden Eigennamen in der zweiten und in der siebenten Zeile sind im Original rot.

72. *Rundgotische Type* aus der Werkstatt der Konrad Stahel und Matthias Preinlein in Brünn (Ungarnchronik), 1488. Wirkliche Größe, unten zwei Zeilen weggeschnitten.

73. *Ornamentale Titelseite* zu «Ars moriendi ou l'Art de bien mourir», geschnitten von Jean Duvet, Lyon 1496.

74. *Humanistica* aus Cicero «De oratore», in Florenz 1453 von Gherardo di Giovanni del Ciriagio geschrieben. Originalgröße. In englischem Privatbesitz.

75. *Humanistische Minuskel.* Lactantius, De divinis institutionibus. Italien, 15. Jahrhundert. Ehemals Sammlung Sir Thomas Phillipps. Leicht vergrößert.

76. *Die Antiqua des Nikolaus Jenson.* Aus Eusebius, De praeparatione evangelica Venedig, Nikolaus Jenson, 1470. Volle Größe. Der Typus der venezianischen Antiqua (schräger e-Querstrich, M mit beidseitigen oberen Endungen). Eine der allerschönsten Antiquaschriften. Die Versalien (Großbuchstaben) gehen auf die Meißelform der alten Römer zurück und haben Endungen (Füß-

chen), die weich in den Grundstrich übergehen. Die Gemeinen (Kleinbuchstaben) sind von der handschriftlichen Form der Antiqua des 15. Jahrhunderts abgeleitet, jedoch, zumal in den unteren Endungen, den Versalformen angeglichen.

77. *Alphabet* nach *Felice Feliciano.* Diese Buchstaben («Felix Titling», Monotype Series 399, nur in 72 Punkt vorhanden) wurden nach einem Alphabet geschnitten, das der Kalligraph Felice Feliciano aus Verona um das Jahr 1463 in einer Abhandlung über die Buchstaben der altrömischen Inschriften niederlegte. Dieser älteste bekannte Traktat über die altrömischen epigraphischen Formen ist nie gedruckt worden, er ist in der Bibliothek des Vatikans als Vatic. lat. 6852 erhalten. – D und K sind entschieden zu breit.

78. *Humanistica.* Zwei Seitenpaare in Originalgröße aus einem von Marcus Vincentinus (Marcus de Cribellariis) geschriebenen kleinen Gebetbuch aus dem Ende des 15. Jahrhunderts. In englischem Privatbesitz.

79. *Cancellaresca corsiva.* Eine Seite aus der von Ludovico (Arrighi) Vicentino für Vittoria Colonna 1517 geschriebenen Ethica des Aristoteles. Volle Größe, Rand unten und rechts verkürzt. Amsterdam, Universiteits Bibliotheek. Ich verdanke die Photographie der Güte von Mr H. de la Fontaine Verwey.

80. *Cancellaresca corsiva* des Ludovico Vicentino. Zwei Seiten aus seinem Buche «La operina... da imparare di scrivere littera Cancellaresca», Rom 1522. Originalgröße. Das früheste und wichtigste Schreibbuch, das die Cancellaresca lehrt.

81. *Cancellaresca corsiva* des Giambattista Palatino. Zwei Seiten aus seinem Buche «Libro... nel quale s'insegna a scrivere...», Rom 1540. Originalgröße. Dieses Lehrbuch des Schreibens erlebte zwischen 1540 und 1588 zahlreiche Auflagen.

82 und 83. *Römisches Alphabet* des Ludovico Vicentino. Aus seinem Lehrbuch «Il modo de temperare le Penne...», Venedig 1523. Vergrößert und mit großer Sorgfalt von mir retuschiert. Die Höhe der originalen Holzschnitte ist 16 cm. Eine der elegantesten Fassungen dieser Schrift aus der Zeit der italienischen Renaissance.

84 bis 87. *Römisches Alphabet* des Frate Vespasiano Amphiareo. Aus seinem Lehrbuch «Opera... nella quale s'insegna a scrivere...», Venedig 1572. Holzschnitte, Originalgröße. Die waagrechten Linien sollen das Abzeichnen erleichtern und deuten an, daß die Höhe der Buchstaben achtmal so groß ist wie der Durchmesser der Grundstriche. Vielleicht die beste Fassung solcher Buchstaben aus der Zeit der italienischen Renaissance.

88. *Lettera antiqua tonda* (Antiquaminuskel) *Cancellaresca corsiva* und *Lettera trattizata.* Aus dem «Libro... de lo... scrivere» des Giovanni Antonio Tagliente, Venedig 1531. Das Original ist ein Holzschnitt, aber stets sehr schlecht gedruckt. In mühsamer Arbeit habe ich die beabsichtigte Form wiederhergestellt. Leicht vergrößert. Wirkliche Höhe 16,9 cm.

89. *Cancellaresca corsiva* des Frate Vespasiano Amphiareo. Aus «Opera... nella quale si insegna a scrivere...», Venedig 1554. Holzschnitt. Wirkliche Größe.

90. *Abbreviature.* Eine andere Seite aus Palatino, 1545 (Abb. 81). Originalgröße.

91. *Verzierte Textur-Gemeine* aus dem Buche «Libro nel quale s'insegna a scrivere» des Giambattista Palatino, Rom 1545. Das Original ist ein Holzschnitt. Wirkliche Größe. Ein wunderschönes Blatt, von großer Ausgewogenheit.

92. *Casos peones* (Lombardische Versalien). Aus dem Buche «Arte Subtilissima…» des Juan de Yciar, Saragossa 1550. Das Original ist ein Holzschnitt. Vergrößert; Höhe des Originals 15,8 cm. Mit großer Sorgfalt von mir retuschiert.

93. *Cancellaresca romana* aus dem Buche «Arte Subtilissima…» des Juan de Yciar, Saragossa 1550. Das Original ist ein Holzschnitt. Vergrößert; Höhe des Originals etwa 15,8 cm. Mit großer Sorgfalt von mir retuschiert.

94 und 95. *Letra formada Redonda* (Spanische Rundgotisch). Aus dem Buche «Arte Subtilissima…» des Juan de Yciar, Saragossa 1550. Vergrößert. Die Originale sind Holzschnitte und ungefähr 15,7 cm hoch.

96 und 97. *Bastarda grande llana* (Spanische Kursivschrift) (datiert 1570). Aus dem Buche «Arte de escreuir» des Francisco Lucas, Madrid 1577. Die Originale sind Holzschnitte, meist sehr schlecht gedruckt, ungefähr 15,7 cm hoch. Hier vergrößert und von mir sehr sorgfältig retuschiert. Formvollendete spanische Kursiv. Großbuchstaben auf Seite 98.

98. *Majuskeln der spanischen Kursiv* (Bastarda) (datiert 1570). Aus dem Buche «Arte de escreuir» des Francisco Lucas, Madrid 1577. Das Original ist ein meist übel gedruckter Holzschnitt, kaum entzifferbar, dessen Reproduktion ich an Hand mehrerer Ausgaben sehr sorgfältig retuschiert habe. Er ist noch nirgendwo so klar erschienen. Vergrößert. Höhe des Originals etwa 15,7 cm.

99. *Bastarda llana Más pequeña* (Spanische Kursivschrift) (datiert 1570). Aus dem Buche «Arte de escreuir» des Francisco Lucas, Madrid 1577. Wie Seite 98 vergrößert und dabei sorgfältig von mir retuschiert. Höhe des Originals etwa 15,7 cm.

100. *Majuskeln der Redondilla* (Spanische Rundschrift) (datiert 1570). Aus dem Buche «Arte de escreuir» des Francisco Lucas, Madrid 1577. Wie Seite 98 vergrößert und dabei sorgfältig von mir retuschiert. Höhe des Originals etwa 15,7 cm.

101. *Redondilla llana más pequeña* (Spanische Rundschrift) (datiert 1570). Aus dem Buche «Arte de escreuir» des Francisco Lucas, Madrid 1577. Wie Seite 98 vergrößert und dabei sorgfältig von mir retuschiert. Höhe des Originals etwa 15,7 cm.

102. *Textur* und *Schwabacher.* Seite aus dem Buche «Reformacion der Stat Franckenfort am Meine des heilgen Romischen Richs Camer anno 1509». Mainz, Johann Schoeffer, 1509. Schriftsatz, wirkliche Größe. Oben Textur, unten Schwabacher.

103. *Ancient Black.* Ein besonders schöner alter Schnitt, der sich wie die «Manuskript-Gotisch» (Seite 120) nach französischen Texturschriften des späten 15. Jahrhunderts gerichtet hat. Vergleiche den Text zu Seite

120. Der vorliegende Schnitt gehört der Schriftgießerei Stephenson, Blake & Co. in Sheffield.

104. *Früheste Frakturtype.* Seite aus dem «Diurnale», das als Gebetbuch Kaiser Maximilians des Ersten bekannt ist. Nürnberg, Hans Schönsperger, 1514. Schriftsatz, wirkliche Größe. Die erste Zeile und das Initial D vor der zweiten und dritten Zeile sind rot zu denken. Früheste Frakturtype, zugleich eine der allerschönsten. Das vollständige Alphabet steht auf Seite 109 oben.

105. *Fraktur.* Teil einer Textseite aus einem «Thurnier-Buch». Frankfurt am Mayn, Sigmund Feyerabend, 1560. Schriftsatz. Wirkliche Größe. Gesetzt aus dem 1525 geschnittenen Grade der Neudörffer-Andreä-Fraktur. Frühe und besonders schöne Fraktur.

106. Ein Grad der *Neudörffer-Andreä-Fraktur,* die oft, aber irreführend, «Dürer-Fraktur» genannt wird, da sie zuerst in Albrecht Dürers theoretischen Schriften verwendet wurde. Sie ist von Johann Neudörffer dem Älteren (1497–1563) für den Nürnberger Formschneider Hieronymus Andreä (Rösch) entworfen worden und in den Jahren 1522 bis 1527 in fünf Graden in Nürnberg geschnitten worden. Die vorliegende Seite (in wirklicher Größe) stammt aus «Vier Bücher von menschlicher Proportion», Nürnberg 1528. Früheste und schönste reine Frakturschrift, Ausgangsform aller späteren.

107. *Fraktur.* Widmung auf dem Unterrand der Darstellung von Albrecht Dürers «Ehrenpforte Kaiser Maximilians des Ersten». 1518. Nach einer kalligraphischen Vorlage (nicht von Dürers, sondern wohl von Johann Neudörffers des Älteren Hand, von Hieronymus Andreä in Holz geschnitten). Etwas verkleinert. Wirkliche Breite der längsten Zeile 28,5 cm.

108. *Teuerdank-Fraktur.* Privileg aus dem «Teuerdank» Kaiser Maximilians. Volle Größe. Augsburg, Hans Schönsperger, 1517. Die Type wurde von Vinzenz Rockner, Schreiber des Kaisers, entworfen. (Alphabet auf Seite 109).

109. Alphabete der «*Gebetbuch-Type*» von 1514 (Seite 104) und der «*Teuerdank-Type*» von 1517 (Seite 108), beide leicht verkleinert.

110 bis 113. *Drei Seiten aus Johann Neudörffers d. Ä.* Handschrift «Ein gute ordnung und kurtze vnterricht», Nürnberg 1538, und (auf Seite 113) ein «Banndtschriftlein» von einem unbekannten Nürnberger Schreibmeister. Nürnberg, Stadtbibliothek. Mit freundlicher Erlaubnis von Herrn Rudolf Ottmann, Direktor der Höheren Fachschule für das graphische Gewerbe an der Berufsschule der Stadt Nürnberg, dem in kleiner Auflage erschienenen, vergriffenen Werk «Johann Newdorffer Schreib- und Rechenmaister zu Nürmberg» (Text von Gerhard Mammel, 1958) entnommen.

114 und 115. Originalgroße Abbildungen von Holzschnittvorlagen aus dem Schreibbuch des *WolffgangFugger* «Ein nutzlich vnd wolgegrundt Formular Manncherley schöner schriefften…», Nürnberg 1553. Fugger war ein Schüler Johann Neudörffers des Ältern. Die Seiten stellen die Rotund oder Rundgotisch dar.

116 und 117. *Initialen und großer Frakturgrad* aus Leon-

hart Fuchs' «Kreüterbuch», gedruckt von Michael Isin-grin, Basel, 1543. Originalgröße.

118. *Canzley* als Druckschrift. Seite aus des Donatus Giano «Respublica Venetum». Neuburg, Hans Kilian, 1557. Volle Größe. Schriftsatz; oben verschiedene schöne Frakturschriften, Text aus einer Canzley, die als Druckschrift selten ist und sich nicht einbürgerte.

119. *Civilité*. Oberer Teil einer Seite aus einer «Biblia polyglotta». Antwerpen, Christoph Plantin, 1569–1573. Schriftsatz, wirkliche Größe. Die Grundschrift ist eine besonders schöne und sehr gut gesetzte Civilité.

120. Sogenannte *«Manuskript-Gotisch»*. Einer französischen Schrift des 15. Jahrhunderts nachgebildet, die zuerst als Type in den «Livres d'heures» der frühen französischen Drucker erschien. Der englische Schriftschneider Caslon schnitt sie im 18. Jahrhundert neu. In England und Amerika führt sie die Namen «Old Black», «Ancient Black» und «Black Letter». Die Tafel zeigt den Nachschnitt der Bauerschen Gießerei in Frankfurt am Main. Echte Ziffern fehlen; man verwende die der Caslon-Antiqua (Seite 142).

121. *Schwabacher*. Gehört zu den gotischen Schriftarten und geht auf die spätgotische Verkehrsschrift zurück. Sie tritt seit ungefähr 1480 auf. Der auf dieser Tafel gezeigte schöne Schnitt ist der größte alte Grad. Es gibt heute auch noch größere Grade, aber diese sind durchweg Neuschnitte. Ursprünglich verwendete man nämlich, wenn ein noch größerer Grad gebraucht wurde, eine Textur. Zum Unterschied gegen die «Gewöhnliche» oder «Moderne Schwabacher», eine häßliche, angebliche Verbesserung, nennt man die echte Schwabacher in der Regel «Alte Schwabacher». Die «Alte Schwabacher» wird von verschiedenen Schriftgießereien geliefert; den Satz der vorliegenden Tafel stellte die Schriftgießerei D. Stempel AG. in Frankfurt am Main her.

122. *Luthersche Fraktur*. Die Fraktur, die Schrift der deutschen Renaissance, wird unverändert auch im Barock bis ins Rokoko hinein benutzt. Der vorliegende, aus der berühmten alten Frankfurter Gießerei Egenolff-Luther stammende Schnitt ist die edelste der noch vorhandenen alten Frakturschriften. Die Tafel zeigt den wunderschönen Textgrad, der zum erstenmal 1708 in einer Augsburger Schriftprobe auftaucht. Die Schrift gehört heute der Schriftgießerei D. Stempel AG. in Frankfurt am Main.

123. *Ein römisches Versalienalphabet* von Giambattista Palatino. Mitte des 16. Jahrhunderts. Aus dem Ms. 5280 (G. B. Palatino, «Gran volume») der Kunstbibliothek Berlin-Dahlem, Arnim-Allee 23a. Reproduziert mit freundlicher Erlaubnis von Stanley Morison, Esq., nach «The Monotype Recorder», April-May 1931. Annähernd wirkliche Größe.

124. *Centaur* von Bruce Rogers (1929) («Monotype» 252). Der berühmte nordamerikanische Buchkünstler hat diese schöne Antiqua entworfen, indem er Vergrößerungen der Antiqua von Nikolaus Jenson von 1470 (siehe Seite 76) sorgfältig, aber nicht sklavisch, nachzeichnete. Eine der wertvollsten Schriften der Gegen-wart. The Monotype Corporation Limited, London. Der lateinische Spruch, auf Seite 125 übersetzt, stammt aus dem Schreibbuch «Proba Centum scripturarum» des Leonhard Wagner (1517–1519), das sich in der Bischöflichen Ordinariats-Bibliothek in Augsburg befindet. Mit «rotunda» ist hier die Antiqua, nicht die Rundgotisch gemeint.

125. *Bembo-Antiqua* («Monotype» 270). Nach der venezianischen Antiqua des Nikolaus Jenson der früheste und edelste Vertreter der Älteren Antiqua. Der vorliegende Nachschnitt hat den Text *De Aetna* des Kardinals Pietro Bembo, der 1495 in Venedig erschien, zur Vorlage, ein Buch des großen Druckers und Verlegers Aldus Manutius. Die Schrift selber wurde in dessen Auftrage von Francesco da Bologna, auch Griffo genannt, geschnitten. Garamond benützte diese Schrift als Modell für seine eigene Antiqua. Die Versalien der Bembo sind niedriger als die Oberlängen der Gemeinen b, d, h, k, l. Schräge Ansätze in der Art der ältern Antiqua; Arme des K leicht flammenlinig. Breites schönes R. Die rechten Grundstriche von h, n, m unten einwärts gebogen. The Monotype Corporation Limited, London. Für den Spruch vergleiche den Text zu Seite 124.

126. Die große *Antiqua* aus der Druckerei des *Jean de Tournes*. Zeilen aus Titeln von 1551, 1554 und 1557 dieses berühmten Druckers in wirklicher Größe. Diese majestätischen Formen sind die schönsten ihrer Art. Wir wissen nicht, wer sie geschnitten hat. Von Garamond scheinen sie nicht zu sein, vielleicht von Guillaume Le Bé I.?

127. Aus einer Seite mit Probeabdrucken im Museum Plantin-Moretus, Antwerpen. Lettres de deux points de Petit Canon von Guillaume II Le Bé. Leicht verkleinert. Nach J. Veyrin-Forrer und A. Jammes: «Les premiers caractères de l'Imprimerie Royale.» Caractère, Noël 1957.

128 und 129. *Garamont-Antiqua und -Kursiv*. Diese Schrift ist nach Stempeln geschnitten, die früher als Werk des «Vaters der Schriftgießer», Claude Garamonds (1480–1561), galten und sich in der Imprimerie Nationale in Paris befinden. Diese sind indessen, was sich erst später herausstellte, gar nicht von Garamonds Hand, sondern von der des Schweizer Schriftschneiders und Druckers *Jean Jannon* (1580–1658). Seine Schrift, die auf das Jahr 1621 zurückgeht, ist der heute am stärksten verbreitete Vertreter der Älteren Antiqua. Charakteristisch sind die Anstriche der Buchstaben i, m, n und r und das hochgeteilte e; schöne kursive Zierbuchstaben und Ligaturen. Fonderies Deberny & Peignot, Paris.

130 und 131. *Antiqua* von *Giovanni Francesco Cresci*. Aus seinem Buche «Il perfetto Scrittore», Rom 1570. Die Originale sind weiße Buchstaben auf schwarz, aber genau so groß wie unsere Abbildungen. Die im Original fehlenden lichten Formen habe ich hinzugefügt. Eine sehr schöne Antiqua von großer Eigenart, die nicht in der Linie Garamond-Janson liegt. Ihr ist die «Orpheus» von Walter Tiemann nachgebildet.

132 bis 135. Vier Seiten aus dem Schreibbuche «Les œuvres» des *Lucas Materot*, Avignon 1608. Die Origi-

nale sind Kupferstiche; sie sind hier in wirklicher Größe wiedergegeben. Materot ist einer der bedeutendsten
französischen Kalligraphen; alle seine Blätter zeichnen
sich durch höchst vollendete Einzelformen und große
Eleganz der ganzen Anlage aus. Jeder seiner Buchstaben ist ein Kunstwerk. Materot ist der unübertroffene
Mozart der Kalligraphie.

136 und 137. *Financière* (Französische Rundschrift).
Zwei Seiten aus dem Schreibbuche «Les Escritures fi-
nanciere, et Italienne-Bastarde» des Louis Barbedor, Paris 1646. Die Originale sind Kupferstiche, in Wirklichkeit ist Seite 136 21,8 cm, Seite 137 27 cm hoch. Barbedor, ebenso bedeutend wie Materot, ist der Meister des
geistvollen Schnörkels, den er wie kein anderer be-
herrschte. Ich habe im Holbein-Verlag zu Basel ein voll-
ständiges Faksimile des oben genannten Schreibbuches
herausgebracht.

138 und 139. *Friesaufschrift* von den Fassaden des Alten Rathauses zu Leipzig, des ersten deutschen Rathaus-
baus im Renaissancestil, 1556 von Hieronymus Lotter
erbaut. Die Friesaufschrift war ursprünglich aufgemalt,
sie wurde 1672 erneuert und 1906–09 durch aufgesetzte
Kupferbuchstaben von gleicher Form ersetzt. Photo:
Museum für Geschichte der Stadt Leipzig.

140 und 141. *Janson-Antiqua und -Kursiv*. Die holländische Fassung der späteren Ältern Antiqua, irr-
tümlich nach dem Schriftschneider und -gießer Anton
Janson (1620–1687) aus Wanden in Friesland benannt,
der vor 1669 die Schriftgießerei Johann Erich Hahn in
Leipzig erwarb. Sie ist in Wirklichkeit von dem Ungarn
Niklaus Kis (Kis Miklós, 1650–1702) um 1684 in Holland geschnitten worden (siehe Harry Carter and George Buday, in «Linotype Matrix» No. 18). Zwei Schriften, die noch heute nichts von ihrer herben Schönheit
eingebüßt haben und kostbarer denn je sind. Schriftgießerei D. Stempel AG., Frankfurt am Main.

142. *Union Pearl*. Diese älteste der noch in Matrizen
erhaltenen englischen Druckschriften und zugleich die
erste englische Zierschrift gehörte um 1690 der Schriftgießerei von James und Thomas Grover in London, die
um 1674 gegründet worden war. Es existiert nur dieser eine Grad. Seit 1905 befinden sich die Matrizen im
Besitz von Stephenson, Blake & Co. in Sheffield, und
seit einigen Jahren wird diese entzückende Schrift wieder gegossen. Literatur: «The Fleuron», vol. VI (1928),
p. 110.

143. *Ziffern* aus dem Schreibbuche «Natural Writing»
des George Shelley, London 1709. Ungefähr wirkliche
Größe. Das Original ist ein Kupferstich.

· 144 bis 147. *Caslon-Antiqua und -Kursiv*. Spätester hi-
storischer Vertreter der Älteren Antiqua. Ziemlich auf-
fällige, weil große Versalien, deutliche Unterlängen.
Hoch oben geteiltes e; a mit sehr großen Tropfen. Eng-
laufende, hübsche Kursiv mit einer Anzahl Ziervarianten.

Die Caslon hat, wenigstens in den angelsächsischen
Ländern, den Zeiten widerstanden und erfreut sich noch
heute der gleichen Wertschätzung wie in ihrer Jugend-
zeit. Das Original wurde von William Caslon (1692 bis

1766) in den Jahren von 1716 bis 1728 geschnitten. Caslon ging beim Schnitt von holländischen Schriften aus;
es gelang ihm, diese mit seiner eigenen Schrift vom
englischen Markte zu verdrängen. Die vier Seiten zeigen den Nachschnitt der Haas'schen Schriftgießerei,
Münchenstein.

148 und 149. *Letra Redonda* (Spanische Rundschrift)
aus dem Buche «Arte nueva de escribir» des Juan Clau-
dio Aznar de Polanco, Madrid 1719. Kupferstiche, hier
leicht verkleinert. Gewiß keine unmittelbare Vorlage;
doch könnte ein wirklicher Meister aus den Buchstaben
n, o, p, l, e, i und bei sehr vorsichtigem Gebrauch der
Formenwelt der zum Teil für uns ja kaum lesbaren Versalien ein modernes Alphabet entwickeln. Die Gemeinen sind von großer, besonderer Schönheit.

150 u. 151. *Antiqua und Kursiv von Johan Michael Schmidt*.
Eigentum der Bundesdruckerei, Berlin SW 68, Ora-
nienstraße 91. Der Schriftschneider Johan Michael
Schmidt (eigentlich Smit), ein Holländer, wurde von
Friedrich II. 1729 nach Berlin berufen, dort eine könig-
liche Schriftgießerei zu begründen; er starb 1750, vermutlich 70 Jahre alt. Die Schrift führt den Namen
Holländische Mediäval-Antiqua und -Kursiv. Vermut-
licher Stammbaum: Erworben von J.L. Zingk oder
dessen Erben, von dort zur Deckerschen Geheimen
Oberhofbuchdruckerei. Diese wurde 1879 mit der 1851
gegründeten Königlich Preußischen Staatsdruckerei
zur Reichsdruckerei verschmolzen, die heute Bundesdruckerei heißt. Die Schrift, noch kaum bekannt, ist
eine der kostbarsten deutschen Schriftreliquien. Neun
Grade sind von Schmidts Hand; die beiden allergröß-
ten (36 und 40 Punkt) tragen zwar den gleichen Namen,
sind aber unzweifelhaft von weit späterer Hand und
wohl um 1813 geschnitten worden.

152 bis 155. *Spanische Kursivschrift* aus dem Buche
«Arte nueva de escribir...» des D. Francisco Xavier
Palomares de Santiago, Madrid 1776. Kupferstiche,
wirkliche Größe. Sehr flüssige Breitfederschrift, leicht
erlernbar und, wenn man die kolbenförmigen Verdik-
kungen der Oberlängen von b, d, h, l vermeidet und
diese Formen so schreibt wie im Alphabet auf Seite 154,
noch heute durchaus modern.

156. *Capitales ombrées* von Jacques François Rosart
(1714–1777) und *Schreibschrift* (Enschedé Nr. 90) von
Joan Michael Fleischmann (1701–1768). Aus einem
Buche von 1766. Nach Ch. Enschedé, «Fonderies de Caractères...», Haarlem 1908. Wirkliche Größe.

157. *Doubles Capitales romaines de fantaisie* (Nr. 818),
Doubles Capitales italiques de fantaisie (Nr. 819), *Doubles
Capitales écrites ombrées* (Nr. 820) und *Doubles
Capitales romaines de fantaisie* (Nr. 821), sämtlich von Jacques
François Rosart (1714–1777). Wirkliche Größe. Nach
Ch. Enschedé, «Fonderies de Caractères...», Haarlem
1908.

158. *Verzierte Versalien* von *Pierre Simon Fournier*(1712
bis 1768) in Paris. Um 1735. Geringfügig verkleinert.
Louis XIV., der Sonnenkönig, hatte für seine Hofdruk-
kerei eigene Schriften von neuer Form von Philippe
Grandjean schneiden lassen. Sie traten an die Stelle

der bisher verwandten, Garamond zugeschriebenen, in Wirklichkeit aber von Jean Jannon (1621) stammenden Schriften. Infolgedessen verlangen auch die andern Buchdrucker neue Schriften; Pierre Simon Fournier erfüllte mit seiner neuen Antiqua, seiner Kursiv und verschiedenen Zierschriften diese Wünsche. Sie zeigen stilistisch den Übergang von der Ältern zur Jüngern Antiqua. Die Versalien leiten mit ihrer ausgesprochen vertikal-horizontalen Linienführung zur Jüngern Antiqua, etwa Walbaums, über.

159. *Zierschriften* von *Pierre Simon Fournier* (vergleiche Seite 158). Zeitgenössische Anwendung aus dem Jahre 1788. Aus der Sammlung des Verfassers. Originalgröße. Fourniers Zierschriften und Zierstücke haben bis heute nichts von ihrem Reiz verloren.

160 und 161. Sogenannte *Baskerville Old Face* der Schriftgießerei Stephenson, Blake & Co. in Sheffield. Die Schrift ist wahrscheinlich nicht unmittelbar von Baskerville (vergleiche den Text zu den Seiten 162 und 163), doch steht sie ganz unter seinem Einfluß; sie ist eine der allerschönsten Schriften, deren Matrizen noch existieren, und von unvergleichlich anderem Leben erfüllt als die «streamlined» Nachschnitte der Baskerville aus unserer Zeit; selbst die kleinsten Kurven sind bei aller Verhaltenheit des Ganzen ungemein ausdrucksvoll. Nach Berthold Wolpe («Signature» No. 18) wurden die Punzen geschnitten und in einem Musterblatt 1776 gezeigt von Isaac Moore, der von Birmingham nach Bristol kam.

162 und 163. *Baskerville-Antiqua und -Kursiv*. Die Antiqua und die Kursiv des englischen Schreibmeisters und Druckers John Baskerville (1706–1775) beruhen auf der Ausformung, welche die zeitgenössischen englischen Schreibmeister beiden Schriften gegeben hatten. Schon seit längerem hatte die Kalligraphie kräftigere Unterschiede zwischen den stärkeren und schwächeren Teilen der Buchstaben, als sie vorher üblich waren, entwickelt, und Baskerville folgte diesem neuen Ideal. Seine Schrift bildet in jedem Sinne die Übergangsform zur klassizistischen oder Jüngern Antiqua, die von Bodoni (Seite 172 bis 175), Didot (Seite 176 und 177) und Walbaum (Seite 180 und 181) um die Wende des 18. Jahrhunderts ausgebildet wurde. Der Druck in den Rundungen der Baskerville bei b, c, e, p liegt nicht mehr so schräg wie in der Garamond-Antiqua, und die oberen Anstriche bei b, d, k, l und bei i, j, m, n sind weniger schräg als dort. Links-offene Schleife des g; Schwanz des Q in Form einer Sense; Basis des E sehr breit; Bogen des J abgeflacht. Kalligraphische Form der kursiven Lettern J, K, N, Q, T, Y, Z, w, y, z. Der p-Aufstrich verlängert. Der hier gezeigte Neuschnitt der Monotype Corporation Limited, London, nach Baskervilles Typen von 1760, ist 1924 erschienen.

164 und 165. *Bell-Antiqua und -Kursiv* («Monotype» 341). Diese elegante Schrift wurde nach Angaben von John Bell (1754–1831), einem unternehmenden Verleger, in der Zeit zwischen 1787 und 1789 von *Richard Austin* in London geschnitten. Ihr Wert liegt darin, daß sie, obwohl im ganzen von «jüngerer» Gestalt, die ausge-

bogenen Endstriche in der Art der Ältern Antiqua beibehält, während Didot, Bodoni und Walbaum die kleinen Innenbogen beseitigen und ihre Endungen einfache waagrechte Striche sind. – Späteste Antiqua des Übergangsstils mit besonders schöner Kursiv. Zarte, doch voll ausgebogene Endungen, K mit unterem Arm in der Form des R-Schwanzes. Der Grundstrich des *p* ragt über die Hauptlinie hinaus. Innenform von O und o noch völlig rund; noch vermittelter, aber fast genau senkrechter Druck. Querstrich des e in der Mitte. The Monotype Corporation Limited, London.

166. *Fry's Ornamented Number Two.* Vor 1808. Eine entzückende Versalschrift, die zuerst in Stower's «Printer's Grammar» von 1808 erscheint und deren Matrizen sich jetzt im Besitz der Schriftgießerei Stephenson, Blake & Co. in Sheffield befinden. Diese gießt außer dem vorliegenden noch größere Grade, die neuerdings nach dem historischen 30-Punkt-Grad geschnitten worden sind.

167. *Old Face Open* (Lichte Antiqua-Versalien). Von gleichem Stil und wohl von der gleichen Hand wie die «Baskerville Old Face» unserer Seiten 160 und 161, also um 1766 anzusetzen. Die edelste Schrift dieser Art, die ich kenne. Gehört der Schriftgießerei Stephenson, Blake & Co., Sheffield.

168 und 169. *Bulmer Roman* und *Bulmer Italic,* genannt nach ihrem Auftraggeber, dem englischen Drucker William Bulmer (1757–1830), der diese Schrift für sich von William Martin aus Birmingham schneiden ließ. American Type Founders Co. Inc., Elizabeth, New Jersey. Leider anscheinend in Europa nicht lieferbar. Dies ist der größte Grad.

170. *Groote Canon Duyts* (Doppelmittel Holländische Textur) von Joan Michael Fleischmann (1701–1768). Geschnitten im Jahre 1748. Eines der Meisterwerke des aus Wöhrd bei Nürnberg gebürtigen großen Schriftschneiders J. M. Fleischmann, der den größten Teil seines Lebens im Dienste der Schriftgießerei von Izaak und Joh. Enschedé in Haarlem verbrachte. Zu Unrecht vergessene, ungemein reizvolle Spätform der Textur. – Die Schrift enthält kein &; eine einigermaßen passende Form enthält die Bell-Kursiv, Seite 165.

171. *Didot-Antiqua* der Schriftgießerei D. Stempel AG. in Frankfurt am Main. Obwohl kaum von Didots Hand, eine reizvolle, wohl gegen 1810 entstandene und der Walbaum-Antiqua nahestehende deutsche Abwandlung der Didot-Formen. Vergleiche den folgenden Text.

172. *Ein Huldigungsblatt aus der Druckerei Bodonis,* 1816. Stark verkleinert. Der Satz ist im Original 35,5 cm hoch. Giambattista Bodoni (1740–1813), der «König der Buchdrucker» genannt worden ist, suchte in seinen Schriftschnitten einen deutlichen Gegensatz von dicken und dünnen Strichen; er machte jene stärker und diese dünner, als es je vorher üblich gewesen war, und entwickelte so (um 1790) die elegante und etwas kühle Jüngere Antiqua, deren sehr zarte Endstriche sie deutlich als Nachbildung der zeitgenössischen Kupferstichschriften erkennen lassen. Die Kupferstecher hatten eine der Stichtechnik angepaßte «vereinfachte» Form

entwickelt, um die Platte nicht so oft drehen zu müssen, wie das beim Stich der Endstriche der mehr federmäßigen Renaissance-Antiquaschriften notwendig gewesen war. Der neue Schrifttypus verdrängte die Ältere Antiqua und die Antiqua des Übergangsstils und behauptete bis um 1850 eine absolute Herrschaft.

173. Der Nachschnitt der *Bauerschen Gießerei* in Frankfurt am Main von Schriften aus dem «Manuale Tipografico» *G. B. Bodonis* (1818). Die beste und dem Vorbild bei weitem am nächsten kommende Interpretation.

174 und 175. *Bodoni-Antiqua und -Kursiv* der Haasschen Schriftgießerei in Münchenstein. Die weitverbreitete moderne Interpretation. Keineswegs eine getreue Wiederholung der echten Schnitte Bodonis (Tafel 172), aber für die meisten Zwecke hervorragend brauchbar. Feine waagrechte Endungen; starke Grundstriche. Aller Druck, auch in den bogenförmigen Strichen, verläuft, wenigstens in der Antiqua, genau senkrecht. Wie in der Antiqua, sind auch in der Kursiv die Erinnerungen an das geschriebene Urbild nach Möglichkeit ausgemerzt; die Zeichen *k* und *y* der Kursiv sind besonders zierlich.

176 und 177. *Antiqua* von *Firmin Didot*. Diese edlen Formen, um 1800 von Firmin Didot, einem Mitgliede der berühmten französischen Verleger- und Druckerfamilie (1764–1836) geschnitten, sind der Inbegriff des Klassizismus in der französischen Schriftkunst und noch heute so schön wie je. Links Corps 48, rechts Corps 72. Fonderies Deberny & Peignot, 18 rue Ferrus, Paris.

178. *Unger-Fraktur*. Mit dieser späten Rokoko-Fraktur versuchte der Berliner Buchdrucker und Schriftschneider Johann Friedrich Unger (1753–1804) die Lichte und Klarheit der Antiqua in der Fraktur zu erreichen. Er lehnte sich dabei an die zeitgenössischen Kupferstich-Frakturschriften an, die übrigens ein ähnliches Bestreben zeigen. Unger entfernte sich jedoch noch weiter als diese von der ursprünglichen Federform. Ungers Schrift, 1793 entstanden, fand zu Lebzeiten ihres Urhebers keinen nennenswerten Beifall, sondern gewann ihre heutige weite Verbreitung als Buchschrift erst seit ihrer Neuentdeckung um das Jahr 1910. Schriftgießerei D. Stempel AG., Frankfurt am Main.

179. *Walbaum-Fraktur*. Diese Schrift wurde zwischen 1803 und 1828 von J. G. Justus Erich Walbaum (1768 bis 1839) in Weimar geschnitten. Sie ist als die beste Spätform der historischen Frakturschriften anzusehen. Der Unterschied zwischen Haar- und Schattenstrichen ist betont. Vor den späteren Frakturschriften des 19. Jahrhunderts zeichnet sich diese behäbige Fraktur des deutschen Biedermeiers durch Lebendigkeit und formalen Reichtum aus. Sie wird von der Schriftgießerei H. Berthold AG. in Berlin geliefert, sobald die im vergangenen Kriege zerstörten Matrizen wieder hergestellt sein werden.

180 und 181. *Walbaum-Antiqua und -Kursiv*. J. G. Justus Erich Walbaum (1768–1839) in Weimar hat mit dieser Schrift die schönste deutsche Fassung der Jüngern Antiqua geschaffen. Er hatte 1798 in Goslar eine eigene Schriftgießerei errichtet und übersiedelte 1803 nach Weimar, um dort seine Werkstatt erheblich zu vergrößern. Die Originalstempel seiner Antiqua und seiner Kursiv sind erhalten geblieben; sie sind im Besitz der Schriftgießerei H. Berthold AG. in Berlin SW 61, die die beiden Seiten freundlich gestiftet hat. Horizontale Endungen zart; kräftige Grundstriche. Kurzer waagrechter Haarstrich zwischen den Armen des K; flache Mulde des U; wenig gerundeter D-Bogen. b, *p* und *q* ohne Endungen am Fuße. Stark geschwungene g-Schleifen (*g*).

182 und 183. *Gras Vibert Romain. Gras Vibert Italique.* Um 1820. Pierre Didot der Ältere (1761–1853) eröffnete 1809 eine eigene Schriftgießerei, für die der Schriftschneider Vibert neue Typen genau nach Pierre Didots Angaben schneiden mußte. Zu diesen Typen gehören auch die *Gras Vibert Romain* und die *Gras Vibert Italique,* zwei zusammengehörige fast fette Schriften von beachtlicher Schönheit. Sie gehören heute zum Bestande der Schriftgießerei Deberny & Peignot, Paris, und werden von ihr als Druckschrift gegossen.

184. *Sans Serifs Shaded* (Schattierte Endstrichlose). In drei Graden (36, 30 und 14 Punkt) lieferbar. Stephenson, Blake & Co. Ltd., Sheffield. Eine der hübschesten verzierten Endstrichlosen aus dem zweiten Viertel des 19. Jahrhunderts.

185. *Zwei alte Geschäftskarten* aus der Mitte des 19. Jahrhunderts. Steingravuren. Schwarzer Druck auf weißem Glanzkarton. Originalgröße. Aus der Sammlung des Verfassers. Beispiele für die Verwendung der verzierten Schriften der Zeit. Es galt als phantasiearm, in einer neuen Zeile eine schon vorher gebrauchte Schrift zu verwenden.

186. *Thorne Shaded.* Schöne schattierte lichte fette Antiqua von Robert Thorne in London, vom gleichen Stil wie die fette Kursiv auf Seite 181. Um das Jahr 1810 geschnitten. Stephenson, Blake & Co., Sheffield.

187. *Thorowgood Italic.* Fette Antiqua-Kursiv, von großer Eleganz, mit einigen Ziervarianten, geschnitten vermutlich von Robert Thorne in London, dessen Schriftgießerei William Thorowgood 1820 übernahm. Stephenson, Blake & Co., Sheffield.

188. *Initiales normandes larges.* Eine sehr farbig wirkende, elegante französische Auszeichnungsschrift aus dem ersten Drittel des 19. Jahrhunderts. Fonderies Deberny & Peignot, Paris.

189. *Initiales ombrées* (1828) (corps 84, no. 13220). Klassische Form einer schmalen fetten Antiqua. Um 1828 geschnitten. Stammt aus dem Material von Gillé. Fonderies Deberny & Peignot, Paris.

190. *Lettres ombrées ornées.* Schöne, reich verzierte Buchstaben im Empiregeschmack, aus dem Material des Pariser Schriftgießers J. Gillé stammend und vermutlich um 1810 geschnitten. Die Stempel der Schrift gehören heute der Schriftgießerei Deberny & Peignot, Paris. Es existiert nur dieser eine Grad, 60 Punkt; er wird unter der Nummer 13226 geliefert.

191. *Romantiques.* Verzierte Buchstaben aus der Zeit der französischen Romantik. Die beiden Alphabete dieser Tafel, nur etwa zwanzig Jahre später als die der Nachbarseite 190, sind zwar ebenso reich, aber von ganz anderem Formwillen erfüllt. Sie wirken eher bizarr. Zumal das obere Alphabet mit seiner kühnen Verschachtelung zweier völlig verschiedenartiger Hälften ist ganz vom Geiste der Romantik erfüllt. In dem unteren kleinen Alphabet sind die obere und die untere Hälfte zwar ebenfalls verschiedenformig, doch wirken die Buchstaben weit homogener als die des oberen großen Alphabets. – Unter dem Sammelnamen «Romantiques» liefert die Fonderie Typographique Française, Paris XV, diese und einige andere Schriften sehr ähnlichen Charakters.

192. *Schmale fette Antiqua.* Die vorliegende Schrift, «Liliom» genannt, ein Schnitt des 19. Jahrhunderts, ist ein Erzeugnis der Fonderie Typographique Française, Paris XV.

193. *Egyptiennes grasses.* Eine gute alte Form der fetten Egyptienne. f und j sollten nicht eingebogen sein, sondern Bogen ähnlich denjenigen der 6 und 5 erhalten. Fonderie Typographique Française, Paris XV.

194. *Schmale halbfette Grotesk.* Die Grotesk ist eine späte Nebenform der Jüngern Antiqua, in welcher die (keineswegs unwichtigen) Endungen weggelassen worden sind und alle Striche optisch annähernd gleich dick sind. Sie kommt seit etwa 1832 vor. Die schmale Grotesk erhält durch ihre starke Engführung fast gotischen Charakter. Dadurch, daß alle Rundungen, zumal die Kreisformen langgestreckt, fast rechteckig gestaltet sind, wird die Lesbarkeit zugunsten der ornamentalen Erscheinung vermindert. Der abgebildete schöne Schnitt sind die «Antiques serrées grasses» der Fonderie Typographique Française, Paris XV. Der Spruch ist von Kungfutse.

195. *Fette Antiqua.* Die Fette Antiqua, auch «Normande» genannt, ist eine späte Nebenform der Jüngern Antiqua, in der die Grundstriche übermäßig verstärkt sind. Sie entstand im ersten Drittel des 19. Jahrhunderts. Oft von großer dekorativer Wirkung, aber von geringer Leserlichkeit. Der vorliegende Schnitt ist die «Normandy» der Fonderie Typographique Française, Paris. Der Spruch ist von Kungfutse.

196. *Englische Modeschriften* des frühen 19. Jahrhunderts. Nach alten englischen Schriftproben der Zeit. Leicht verkleinert.

197. *Playbill.* Eine «Italienne» aus dem 19. Jahrhundert. Die Italienne ist eine Abart der Egyptienne, mit durchweg überstarken waagrechten und schwachen senkrechten Strichen. Zwar nicht gerade gut leserlich, aber wie alles Ungewohnte sehr auffällig. Sollte nur in einzelnen Zeilen zur Auszeichnung verwendet werden. Stephenson, Blake & Co., Sheffield.

198. *Consort Light* der Schriftgießerei Stephenson, Blake & Co., Sheffield. Ursprünglicher Name: Extended Clarendon No. 2, aus der früheren Schriftgießerei Thorowgood & Besley. Um 1845.

199. *Clarendon.* Die Clarendon oder Ionisch ist eine Egyptienne mit in den Winkeln ausgerundeten Endungen und einem wahrnehmbaren Unterschied zwischen den dicken und den dünnen Strichen. Das Erscheinungsjahr der voll entwickelten «Clarendon» ist 1843. Die erste Form dieser Schriftart, «Ionic» genannt und der hier gezeigten Haas'schen Clarendon nicht unähnlich, wurde von der Londoner Schriftgießerei Henry Caslon herausgebracht. Haas'sche Schriftgießerei, Münchenstein.

200. *Anglaise (Taille-douce).* Die englische Schreibschrift oder Anglaise geht auf die englische Kaufmannsschrift des 18. Jahrhunderts zurück, der die maritime Vorherrschaft Englands Weltgeltung verschafft hatte. Man schrieb sie anfänglich mit fast spitzen Kielfedern, später mit ganz spitzen Stahlfedern. Sie ist schwierig zu malen und zu zeichnen, aber wenn sie wirklich gut ausgeführt wird, kann sie reizvoll wirken. Sie darf nur in kleinen Mengen gebraucht werden. Ungeeignet für Laden- und Häuseraufschriften. Die vorliegende Schrift ist die «Taille-douce» der Fonderies Deberny & Peignot, 18 rue Ferrus, Paris.

201. *Ecriture italienne* aus dem «Traité Complet» von J. Midolle, St. Gallen um 1840.

202. *Französische Grotesk.* Diese Schrift, die noch viele andere Namen geführt hat, zum Beispiel «Steinschrift», ist eine der üblichen Endstrichlosen des 19. Jahrhunderts. Der vorliegende Schnitt zeichnet sich durch eine angenehme Strichstärke, gute Formen und gute Buchstabenabstände aus. Haas'sche Schriftgießerei, Münchenstein.

203. *Kompakte Grotesk.* Eine wichtige Auszeichnungsschrift des späten 19. Jahrhunderts, an der man nur weniges verbessern müßte, um sie zu einer durchaus modernen Schrift zu machen. Geht auch unter dem Namen «Elefant». Haas'sche Schriftgießerei, Münchenstein.

204 und 205. *Gill Sans Serif.* Die ersten Grade der «Sans Serif» von Eric Gill (1882–1940), der schönsten Fassung einer zeitgenössischen Endstrichlosen, wurden 1928 auf den Markt gebracht. Sie ist die einzige, deren Form auf die Grundformen der Ältern Antiqua zurückgreift, und hat daher nur wenig mit den Endstrichlosen gemeinsam, die seit Beginn des 19. Jahrhunderts, zuerst in England, aufkamen und deren Form in hohem Maße von den schon entarteten Spätformen der Jüngern Antiqua beeinflußt ist. In der Gill erinnern a, b, e, g, r, s, t und andere Gemeine, sodann die schmalen Versalformen B, E, F, S an die Formen und Verhältnisse der Ältern Antiqua. Seite 204 zeigt die Gill Sans Medium (262–72), Seite 205 die Gill Titling (231–72). The Monotype Corporation Limited, London.

206 und 207. *Perpetua Roman, Perpetua Italic* («Monotype» 239). Eric Gill, Meister der Schrift, Bildhauer und Holzschneider (1882–1940), lehnte sich in der Zeichnung dieser Schrift eng an die Formen der Meißelschriften an, die er, ursprünglich ein Mitarbeiter Edward Johnstons, in den ersten Jahren des Jahrhunderts nach sorgfältigem Studium alter Inschriften entwickelt hatte. Die Endungen der Arme von E, F und T sind beinahe senkrecht. Gebogene Aufstriche bei *B, D, P, R.*

Bogen des r in einem kurzen Aufstrich endend. Kursives *g* im Stil der Cancellaresca, untere Fußendungen bei *p* und *q* nur rechts. The Monotype Corporation Limited, London.

208 und 209. *Weiß-Antiqua und -Kursiv.* Einer der wertvollsten zeitgenössischen Vertreter der Ältern Antiqua. Kräftige, eigenartige, geistvolle Form. M und N oben spitz, obere Hälfte des S größer als die untere erscheinend. Hochliegender e-Querstrich. d und u mit a-Endung. Grundstriche der Antiqua oben stärker als unten. Schöne, von der Cancellaresca abgeleitete Kursiv. Die Weiß-Antiqua wurde von Emil Rudolf Weiß (1875 bis 1942) gezeichnet. Bauersche Gießerei, Frankfurt am Main.

210. *Weiß-Kapitale mager* von E. R. Weiß. Versalien in der Art der «aufgebauten» Initialen des Mittelalters. Vergleiche Seite 61. Bauersche Gießerei, Frankfurt am Main.

211. *Weiß-Lapidar mager* von E. R. Weiß. Versalien im Charakter von Inschriften, von leicht gotischem Charakter. Bauersche Gießerei, Frankfurt am Main.

212. *Graphik* von F. H. Ernst Schneidler, Stuttgart. Bauersche Gießerei, Frankfurt am Main.

213. *Graphique* von Hermann Eidenbenz, Basel. Eine schattierte lichte schmale Grotesk-Versalschrift im Stile des 19. Jahrhunderts (vergleiche Seite 194). Darf nur in einzelnen Zeilen und in geringen Mengen verwendet und muß kräftig gesperrt werden. Haas'sche Schriftgießerei, Münchenstein.

214 und 215. *Optima,* gezeichnet von Hermann Zapf. Schriftgießerei D. Stempel AG, Frankfurt am Main.

216 und 217. *Univers,* gezeichnet von Adrien Frutiger. Deberny Peignot, Paris.

218 und 219. *Minerva Roman* und *Minerva Italic,* gezeichnet von Reynolds Stone. Linotype and Machinery Limited, London.

220. *Geschriebene Antiqua* auf der Basis der humanistischen Antiqua. Von Jan Tschichold.

221. Vorlage für eine *zeitgenössische Verkehrsschrift* von *Alfred Fairbank.* Wiedergaben in wirklicher Größe von zwei Tafeln aus «The Dryad Writing Cards» by Alfred Fairbank (The Dryad Press, St. Nicholas Street, Leicester, England, 1946, Preis 2/6). Die erste Auflage erschien vor 1932 unter dem Namen «The Barking Writing Cards».

222. *Columna-Versalien* von Max Caflisch, Bern-Bümpliz. Bauersche Gießerei, Frankfurt am Main. (Schnitt noch nicht beendet.)

223. *Romulus Kapitalen.* Die Versalien der schönen «Romulus» von Jan van Krimpen, Haarlem. Lettergieterij Joh. Enschedé en Zonen, Haarlem.

224. *Romanée Romain & Open Kapitalen* von Jan van Krimpen, Haarlem. Lettergieterij Joh. Enschedé en Zonen, Haarlem.

REGISTER

PAPIERANFERTIGUNG:
BOHNENBERGER & CIE. K.G. PAPIERFABRIK, NIEFERN-BADEN
SATZ DES TEXTES:
BUCHDRUCKEREI H. LAUPP JR, TÜBINGEN
OFFSETDRUCK DES DRITTEN NACHDRUCKS DER ZWEITEN AUFLAGE:
OTTO MAIER VERLAG GMBH, RAVENSBURG
EINBANDARBEITEN:
GROSSBUCHBINDEREI HEINRICH KOCH, TÜBINGEN